平凡社新書
861

通じない日本語
世代差・地域差からみる言葉の不思議

窪薗晴夫
KUBOZONO HARUO

HEIBONSHA

通じない日本語●目次

プロローグ——私の異文化体験 ···················· 7

ハンカチで鼻をかむイギリス人／くしゃみと鼻かみ
写真のない運転免許証／日本の中の異文化

第**1**部　中高年の悩み

第**1**章
昭和の日本語
12

第**2**章
何でも略す日本語
18

1 マクる ···················· 18

先生、マクっていいですか？／「マクる」の先輩／頭が肝心
ジョージでバイト／2モーラの秘密／省エネの原理
ポルノが好き／「マクる」の大先輩
「せくらべ」か「せいくらべ」か／やくざの「やあさん」
略語の「リ」／詩歌のリズム／音楽のリズム

2 デジカメの餌 ···················· 35

デジカメ／ユニクロとコブクロ／「じゃがいも」と「半ドン」
生コンとボディコン／「とんかつ」と「シューカツ」

3 ペットの水でいいですか ···················· 41

ペットの水／「こうもり」と「じゃのめ」
「ガクドウ」の子／早稲田と慶應

4 マイウ ···················· 47

第**3**章

パンツをはかない女性たち　　50

1 「やばい」話 ···············50

イチローの「やばい」／奥さん、やばいっすよ!／意味の上昇
我慢と自慢／こだわりの一品／すごい
意味の下降──いい加減／英語の nice と silly

2 パンツとズボン ···············60

パンツはいてくればよかった／外来語としての「パンツ」
２種類のパンツ／意味の拡大／腕を上げる
「指の先」と「この先」／この「ところ」
「明後日」の方向／place は広場?

3 洋服も着物 ···············71

洋服も「着物」／牛車も「車」／「肉まん」と「ブタまん」
meat と flesh／「やばい」と「パンツ」のまとめ

第**4**章

発音も変わる　　77

1 ふいんき ···············77

雰囲気は「ふいんき」か／「山茶花」／マンマとウンチ
サッちゃん／三つの詩歌／女房子供／みなしごハッチ
「ローテ」と「ロケ」／「パンツ」と「ツンパ」
魔人ブウとウーブ／のどぬーる／かっとばせえ阿部!
ピクニック／英語の「ナガサーキ」
「さざんか」と「ふいんき」

2 金メダルと銀メダル ···············98

金か銀か／語頭の濁音／濁音の特殊性

コラム1 かぐや姫の粗い髪 ··············· 104
コラム2 真っ白な掃除機 ··············· 107

第**5**章
全然 OK
110

全然大丈夫／頭痛が痛い／5000円からお預かりします
ゴジラ／十本／brunch

第**2**部　ところ変われば

第**1**章
日本国内の異文化
120

味噌おにぎり／牡蠣のお雑煮／黒蜜ところてん
水筒と体操服／食べ物と言葉

第**2**章
味噌汁は「からい」か「しょっぱい」か
125

1 俚言 125

いちびりとゲラ／けったマシン／昼ほうか／げんなか
しょっぱい／「かたす」と「なおす」

2 お肉買ってきて 129

豚肉は「肉」か?／豚肉のカレー

3 「わい」と「おい」 133

4 隣のおっさん 135

5 ねまる 136

6 ところ変われば形容詞も変わる 138

太か人／辛か味噌汁／甘か味噌汁／お湯が痛か

7 ぶつかりよった 145

コラム3 鹿児島の「おかべ」 147

第**3**章

あなたにくれる　148

1 「やる」と「くれる」　148
犬に餌をくれる／読んでくれる／新聞をやって

2 鹿児島弁と英語　153
「行く」と「来る」／お湯が痛い／Yes か No か

第**4**章

進化している和歌山弁　156

1 「を」はオかウォか　156

2 象の銅像　159
先進的な和歌山弁／音の有標性

3 雨はアメかアメか　165
雨と飴／いろいろな「ありがとう」／標準語と鹿児島弁
類別語彙／中国語の方言差／日本語はアクセントの宝庫
コラム4 質屋はシチヤかヒチヤか?　185

4 上げる標準語、下げる鹿児島弁　187
疑問文のイントネーション／名古屋弁の詰問
上げる標準語、下げる鹿児島弁／鹿児島弁の疑問文
北と南／甑島弁の疑問文／世界の疑問文
コラム5 しゃくにさわる標準語　200

エピローグ　202
日本語の多様性と言葉の摩擦／日本語の多様性と言葉の教育

あとがき　207

プロローグ──私の異文化体験

ハンカチで鼻をかむイギリス人

　今から30余年前、1980年代の中頃にイギリスに留学し、その時はじめて日本とは異なる「異文化」というものを体験しました。たとえば日本では手を洗った後にハンカチを使い、鼻をかむ時に紙（ティッシュ）を使いますが、イギリスではこれが逆です。ハンカチは鼻をかむ時に使うもので、一方、大学やレストランのトイレには手を拭くために紙が置いてあります。日本ではハンカチを忘れた時に人のハンカチを借りて手を拭くこともあるかもしれませんが、ハンカチで鼻をかむ習慣のあるイギリスでは、これはタブーです。今でこそ日本でもレストランなどのトイレによく手拭き用の紙が置いてあるものの、当時の日本にはこのような慣習はありませんでした。

　このように、イギリス人のハンカチと紙の使い方に戸惑ったのが最初の異文化体験です。日本の常識が通じないということが新鮮な驚きでした。

　もっとも今、逆の立場で考えてみると、イギリス人にはハンカチで手を拭く日本人が奇異に映るに違いありません。鼻かみに使うはずのハンカチで手を拭くなんてなんと不潔な、という反応が出てきそうです。

くしゃみと鼻かみ

　二つ目の異文化体験はくしゃみと鼻かみの違いでした。

日本人は鼻をかむ時はできるだけ音を立てないように気をつけますが、イギリス人はそうではありません。女性でも授業中にハンカチを出して、大きな音を立てて鼻をかみます。逆にくしゃみをする時は、極力音を立てないように我慢します。くしゃみを我慢しようとする態度は見ていて気の毒なくらいです。

　そのような雰囲気の中で、私が我慢できずにくしゃみをしてしまうと、クラス中の厳しい視線が私に集まり、隣の女子学生からよく 'Bless you!' という言葉をもらいました。「神様のご加護がありますように」という意味の言葉ながら、その口調は明らかに私の失態をとがめるという感じのものでした。くしゃみをすると魂が抜ける、あるいは悪魔が入ってくるという迷信があるために、できるだけくしゃみは我慢する、そして我慢できずにくしゃみをしてしまう人がいたら周りの人が '(God) bless you!' と言って慰める、という風習が背景にあったようです。

　しかしながら日本人の感覚では、くしゃみは我慢しきれないので多少の音は仕方ないもの、鼻をかむのは自分でコントロールできるから音を立てない、というのが常識のように思います。くしゃみと鼻かみへの対応も日本とイギリスでは逆だということに驚かされました。

写真のない運転免許証

　イギリスでは運転免許証にも驚かされました。長期滞在者はイギリスの免許を取るようにという指導を受け、

簡単な実地試験だけ受けて免許証をもらったのですが、発行された免許証を見て驚きです。紙の免許証で、しかも写真がないのです。今は電子化されたそうなので写真が付いているかもしれませんが、1983年頃の免許証には写真がありませんでした。日本の免許証には当時から写真が付いていて、免許証といえば本人を証明するもの（ID）、そして本人確認といえば免許証という感覚でしたので、免許証に写真がないという事実に驚いたわけです。

　しかし届いた免許証をよく見て、その理由がわかりました。何と、免許証の有効期限が40余年後の2027年と書いてあります。数年おきに免許の更新が義務付けられている日本では信じられないことですが、当時のイギリスの免許証は70歳まで更新なしで有効だったのです。20代で取った免許が数十年も有効なわけですから、写真がないのも当然です。70歳の人の免許証に20歳の時の写真が貼ってあったとしても、ほとんどIDの役割を果たさないでしょう。

　イギリス留学では、この他にも日本（人）とイギリス（人）の考え方や生活習慣の違いをいくつも実感しました。ところ変われば常識も変わるということ、自分の常識が必ずしも他の人の常識ではないということを体験できた貴重な3年間だったと思います。

日本の中の異文化

　このような異文化体験をして日本に帰国しましたが、その後の30年間に感じたことは、異文化は日本の中にも

あるということでした。異文化間コミュニケーションは
何も外国の人と接する時だけに生じるものではなく、日
本国内でも日常的に生じています。日本は他の国に比べ
ると均一な社会であると考えられがちですが、地域によ
って、あるいは世代によって文化が異なります。最近、
外国人の居住者が増えるようになって多文化共生社会と
いう言葉をよく耳にするようになりましたが、日本の社
会はずっと以前から多文化共生社会なのです。

　これは生活習慣や考え方だけの問題ではありません。
言葉も然りで、地域や世代によって人々が使う日本語が
かなり異なっています。このため、日本人同士で普通に
接している時にもさまざまなコミュニケーション障害が
生じています。同じ日本語であっても、さまざまな理由
により日本語が通じない——周りの人が話す日本語が自
分には正しく理解できない、あるいは自分の日本語が相
手にしっかり通じない——ということがあるのです。

　この本では、このような場面を作り出す要因として世
代差（第1部）と地域差（第2部）の二つを取り上げ、日本
語の中のコミュニケーションにどのような誤解や摩擦が
生じるかを、多くの実話を通して分析してみたいと思い
ます。あわせて、そのような誤解の背後にある言葉の仕
組みや日本語の特徴を考察してみます。日本語＝標準語
と考えられがちですが、そうではありません。日本語は
実に多様な言語です。その多様性を考えると、日本が既
に多言語社会であることが理解していただけると思いま
す。

第1部
中高年の悩み

第1部　中高年の悩み

第**1**章
昭和の日本語

　日本語に世代差があり、それによりさまざまな誤解や摩擦が生じていることは新聞などでも時々指摘されています。「サラリーマン川柳」に「デジカメのエサはなんだと孫に聞く」という句がありますが、「デジカメ」という単語一つとっても、孫の世代と祖父母の世代ではその解釈が違ってきます。生まれた時から「デジカメ」が身近にある子供たちにとっては、元となったデジタルカメラという複合語以上にデジカメという略語が日常的な言葉であるのに対し、「デジカメ」と聞いた瞬間にウミガメやミドリガメと同類のものを想像してしまう世代があるのです。日本にずっと住んでいてもこのような違いが生じるわけですから、数十年ぶりに海外から日本に帰ってきた人が現代の日本語に違和感を覚えるのは想像に難くありません。

　その代表的な例として、第二次世界大戦後にシベリアに抑留され、50余年ぶりに日本に帰国した蜂谷彌三郎氏のエッセー「謂れなき虜囚と日本の言葉──シベリア抑留五十年、私は日本語を忘れなかった」を紹介しましょう（『文芸春秋』特別版「言葉の力──生かそう日本語の底力」2005年3月臨時増刊号）。

　蜂谷氏は昭和20年（1945）8月に朝鮮半島の平壌（現在の北朝鮮の首都）で終戦を迎え、翌21年7月に身に覚え

第1章　昭和の日本語

のないスパイ罪でシベリアの強制労働所へ送られた方です。生き別れになった妻子から昭和30年（1955）に手紙が届き、家族が無事日本に帰国していることを知りました。その返信として、自分は日本に帰国できる見込みがないので、自分のことは忘れて新しい暮らし（再婚）をするようにという手紙を出したのですが、なぜかこの手紙は日本の家族のもとには届きませんでした。蜂谷氏はそのことを知らないまま、生きていくためにやむをえず昭和38年（1963）にソ連の国籍を取得し、現地の女性と結婚しました。

　その後、ソ連と日本の交流が進む中で日本の家族との連絡も復活しますが、その時になってはじめて、自分が最後に出した手紙が家族のもとに届いていなかったということを知ります。奥さんが再婚もせず、自分の帰国をずっと待っていたということを知って愕然としたわけです。そのような複雑な状況の中、ロシア人の奥さんの勧めもあってその後日本への帰国を決意し、最終的に平成9年（1997）3月に帰国されました。戦時中に日本を離れてから実に50余年ぶりの帰国です。ちなみに同氏は、翌年の平成10年（1998）、52年ぶりにロシア検察庁から無罪を認められ、名誉回復を遂げられています。

　蜂谷氏のエッセーには、ロシアでの孤独な生活の中で日本語を忘れまいと努力されたいきさつが書かれています。日本と日本語を想うその気持ちと、何とかして母語を忘れまいとする努力は読む人の胸を打つものがありますが、それとあわせて同氏のエッセーは、昭和期におけ

13

第1部　中高年の悩み

る日本語の変化と現代の世代差を知る資料として重要な視点を提示してくれます。このエッセーには同氏が50余年ぶりに祖国の日本語に接して、その変容ぶりに困惑したことが述べられています。戦後の50年間で変わった日本語の特徴として同氏が述べているのは次の5点です。

（1）カタカナ単語、外来語、略語が氾濫していること
（2）必要以上に敬語が横行していること
　　　たとえば自分の行動に対して「ご紹介」「ご請求」と「ご」を付けたり、犬や猫にまで「餌をあげる」と言う
（3）使用漢字の削減、たとえば「涙囊部」を「涙のうぶ」と書くこと
（4）改まった場所で「すいません」（＜すみません）のような俗語や造語を使うこと
（5）語尾に「ジャン」を付けたり、語尾を上げた話し方（自分の言いたいことを相手の理解や判断に委ねるあいまいな言葉づかい）をすること

　中高年の世代には蜂谷氏の指摘にうなずける点も多いと思います。たとえば（1）の外来語の氾濫については、次表の（A）のような漢字を用いた語（和語、漢語）と並んで（B）のようなカタカナ語がほぼ同じ意味で使われています。文化庁の平成25年度「国語に関する世論調査」[1]

───────────────────────

[1]　http://www.bunka.go.jp/tokei_hakusho_shuppan/tokeichosa/kokugo_yoronchosa/

からは、半数以上の日本人が（A）の表現を使った方が
いいと思っているにもかかわらず、実際には外来語の方
を使っている状況がうかがえます。

　漢字は1字ずつ意味を持っているため「災害予想地
図」という表現をはじめて見てもだいたいの意味がつか
めますが、表意文字でないカタカナ語（ハザードマップ）
では意味が伝わりません。「合意」や「優先順位」「技術
革新」も同様です。「コンセンサス」「プライオリティー」
「イノベーション」と言われても、外来語になじみのない
人には意味が伝わりにくいのではないでしょうか。

（A）	（B）
必要性	ニーズ
取り消し	キャンセル
利点	メリット
危険性	リスク
合意	コンセンサス
優先順位	プライオリティー
技能	スキル
技術革新	イノベーション
災害予想地図	ハザードマップ

　蜂谷氏の指摘には共感できるところが多いものの、今
の日本語に定着していると思われる点もあります。たと
えば（2）は、「ご紹介」「ご案内」といったように自分の
行為に「ご」を付けるのはおかしいという指摘です。た

第1部　中高年の悩み

しかに自分の行為を敬語で表すのはおかしいかもしれません が、実際にはごく普通に使われています。少し保守的と思っている人の中でも、相手に対する行為として「私がご紹介／ご案内します」と言っても（あるいは聞いても）何の違和感もないという方が多いのではないでしょうか。実際、政府の文化審議会が平成19年（2007）に示した「敬語の指針」[*2]では、日本語の敬語が「尊敬語、謙譲語Ⅰ、謙譲語Ⅱ、丁寧語、美化語」の五つに再分類され、その中の謙譲語Ⅰ（自分の行為・物事について相手を立てて述べる表現）の中に「伺う、お目にかかる、ご案内する、ご説明」などが具体例として出てきます。具体的には次のような説明です（15-16頁）。

　　例えば「先生にお届けする」「先生を御案内する」などの「先生」は〈向かう先〉であるが、このほか「先生の荷物を持つ」「先生のために皿に料理を取る」という意味で「お持ちする」「お取りする」と述べるような場合の「先生」についても、ここでいう〈向かう先〉である。（例：「あ、先生、そのかばん、私がお持ちします。」「先生、お料理、お取りしましょう。」）
　　また、「先生からお借りする」の場合は、「先生」は、物の移動の向きについて見れば〈向かう先〉ではなく、むしろ「出どころ」であるが、「借りる」側からは、「先生」が〈向かう先〉だと見ることができる。「先生から

＊2　http://www.bunka.go.jp/seisaku/bunkashingikai/sokai/sokai_6/pdf/keigo_tousin.pdf

いただく」「先生に指導していただく」の場合の「先生」も、「物」や「指導する」という行為について見れば、「出どころ」や「行為者」ではあるが、「もらう」「指導を受ける」という側から見れば、その〈向かう先〉である。その意味で、これらも謙譲語Ⅰであるということになる。

　上で述べた〈向かう先〉とは、このような意味である。

　このように、自分から相手に向かう行為に「ご」を付ける用法は、市民権を得ているどころか政府のお墨付きまでもらっているわけです。

　（2）に指摘されている「犬に餌をあげる」といった表現も、「餌をやる」という昔ながらの表現と並んで、今では市民権を得ていると思われます。これ以外でも（1）〜（5）にあげられた特徴のほとんどは、好むと好まざるとにかかわらず、現代の日本語に定着していると言えそうです。

　問題は、日本人全体に浸透するほどには定着していないということだと思われます。中高年世代にしてみると、日頃から目（耳）にはするけれども自分には違和感がある、あるいは受け入れられない（受け入れたくない）という表現や特徴が多いのではないでしょうか。世代間のコミュニケーション障害は、多分にそのようなところから起こります。以下、身近な例を一つ一つ見てみましょう。

第1部　中高年の悩み

第2章
何でも略す日本語

　蜂谷氏も指摘しているように、現代の日本語をわかりにくくしているものの一つが夥しい数の略語です。その中には世代間の誤解や摩擦を引き起こしているものが少なくありません。

1 マクる

先生、マクっていいですか？

　友人の大学教員（女性）から聞いた話です。朝の出勤途中に駅で男子学生と会い、一緒に大学までの道を歩いていたところ、突如「先生、ちょっとマクっていいですか？」と言われて、思わずスカートを押さえたそうです。

　中高年世代では、「まくる」という動詞は「めくる」と同じ意味を持っています。『広辞苑』（第六版、岩波書店、2008年、以下同）の意味と同じです。

　まくる【捲る】
　　①覆いなどを巻くようにして上げる。
　　　まきあげる。
　　②めくる。はぐ。

　上記の先生が思わずスカートを押さえたのも無理はあ

りません。中高年層の脳内辞書では、「まくる」は「衣類をめくりあげる」という意味を持っているのです。一方、学生はどうしたかというと、何事もなかったかのように道沿いにあったマクドナルドに入って行って、ハンバーガーを買って出てきたそうです。この若者にとって「マクる」は「マクドナルドに寄る、マクドナルドでハンバーガーを買う」という意味を持っていたことがわかります。「マクドナルドに行く」を略して「マクる」と言った。学生にしてみるとただそれだけのことですが、「マクる」という略語を持たない人には昔ながらの「まくる」という動詞しか思い浮かびません。ここに世代間の誤解が生じる原因があります。

　ここで「マクる」を新動詞と呼ぶと、このような新動詞はいくつも日本語に発生しています。2016年の新語・流行語大賞に選ばれた「神ってる」という表現も、これらと同じようにして作られた語で、「神」という名詞に動詞の語尾「る」を付けたものです。

　　モスバーガーに行く　→　モスる

　　スターバックスに行く　→　スタバる

　　告白する　→　コクる

　　ビリヤードをする　→　ビリる

　　美容院に行く　→　ビヨる

　　カフェテリアに行く　→　カフェる

　　テロリズム（テロ事件）を起こす　→　テロる

　　タクシーに乗る　→　タクる

第1部 中高年の悩み

挙動不審な態度をとる → キョドる
ディスリスペクトする（disrespect＝軽蔑・軽視する）
　→ ディスる（けなす、否定する）

このような新動詞と並んで、新形容詞と呼ぶべきもの
もあります。

気色悪い → キショい
気持ち悪い → キモい
けばけばしい → ケバい
むさ苦しい → ムサい
グロテスクだ → グロい
エロチックだ → エロい
面倒くさい → メンドい
うっとうしい → ウットい

　もちろん、すべての若者たちがこのような新動詞や新
形容詞を使っているわけではありません。この言葉は知
らない、あるいは使わないというものがあってもおかし
くありませんが、問題は、このような新しい略語が次々
と生産されているという事実です。中高年にしてみると
「告白」や「美容院」「ビリヤード」は知っていても、それ
を略して動詞にした語までは知りません。「「ビリる」っ
て何？」と思いながら、煙に巻かれてしまいます。
　たとえば前出の「国語に関する世論調査」（平成25年度）
によると、「タクシーに乗る」を「タクる」と略して使う

20

ことがある人の割合は、20代、30代では20%前後ですが、40代以上では10%にすぎず、特に60代以上では１％にも満たないのだそうです。若い世代に「タクる」と言われても、意味が通じない世代が多いことがうかがえます。この人たちは略語だと聞いても、「ひったくる」の略かと間違った類推をするかもしれません。

「マクる」の先輩

　ここで注意しなくてはいけないことがあります。それは「マクる」や「キモい」などの新動詞・新形容詞が新しい略語である一方で、このタイプの略語自体は日本語の中でけっして新しいものではないという事実です。今の中高年層も若い時代には次のような略語を使って、当時の中高年層を煙に巻いていました。この中には「サボる」のように今でも生き延びているものが少なくありません。

　　野次を飛ばす　→　ヤジる
　　事故を起こす　→　ジコる
　　サボタージュする　→　サボる
　　アジテーションする　→　アジる（＝扇動する）

　この他にも「ハーモニー」「コピー」という名詞から「ハモる（＝ハーモニーを奏でる）」「コピる（＝コピーする）」という略語が使われていました。形容詞でも次のような例がありました。いずれも今風であることを意味

する、かつての新形容詞です。

　　ナウ（now）→ ナウい
　　今 → イマい

　このように、現在の「マクる」や「キモい」にあたる新
動詞や新形容詞は以前からあったのです。動詞の場合に
は活用も同じであり、新動詞は昔も今も日本語の動詞に
一般的な五段活用（マクらない、マクります、マクる、マ
クるとき、マクれば、マクれ、マクろう）となります。さ
らに重要なことは、今の新語も昔の新語も、同じ略語規
則に従って作り出されているという事実です。

頭が肝心
　略語の目的は、「長い語を短くする」という省エネ機
能ですが、どのように略すかというところに言葉の法則
がいくつか潜んでいます。一番大事な法則は、「語頭を
残す」というものです。これは日本語に限らず、言語一
般に見られる略語の大原則で、語頭を残すことによって、
元の語が何であるかを想起しやすくするという役割を果
たしています。英語でも、exam（ination）（試験）、fan
（atic）（狂信的な＝ファン）、prof（essor）（教授）のよう
に、語頭を残す例が一般的です。日本語の「マクる」や
「キモい」などの新動詞・新形容詞も、その先輩格である
「サボる」「ナウい」も、この普遍的な法則に忠実に従っ
ています。

ジョージでバイト

　この規則を逆手に取ると、語末を残して元の語を想起しにくくするという力が働きますが、これを実現したのが次のようなアングラ略語です。これらは、やくざや若者のような社会に反抗的なグループが、言葉（略語）の規則を破って作ったもので、自分たちにしか通じない言葉（隠語）として使われてきました。

　　アルバイト　→　バイト
　　喫茶店　→　サテン
　　ヘルメット　→　メット
　　網走　→　バシリ
　　使い走り　→　パシリ
　　麻薬　→　ヤク
　　警察　→　サツ
　　現物　→　ブツ
　　刑務所　→　ムショ

　この手の略語は今でも若者たちの中で生産的に作られていて、たとえば首都圏の地名だけとっても「ジュク（新宿）」「ハマ（横浜）」「ブクロ（池袋）」「ババ（高田馬場）」「ジョージ（吉祥寺）」など、年配者があまり略さないものも少なくありません。語頭を消して語末を残すというのは略語の法則に反するため、これらの略語を知らない人にとって元の語を想起して意味をつかむのは容易なことではないようです。

2モーラの秘密

　略語を支配している二つ目の法則は、語頭から2モーラを取るという規則です。モーラとは語の長さを数える音の単位で、日本語では仮名文字一つが1モーラにほぼ対応します（ただし「きゃ、きゅ、きょ、ちゃ、ちゅ、ちょ」のような小さな「ゃゅょ」は例外で、これらは一つには数えません）。日本語では、語頭から2モーラ分を残して、他は省くという規則が働いています。「マクる」や「ビョる」などの新動詞では、語頭の2モーラ「マク」「ビョ」を残して、そこに動詞の印である「る」を付けます。「キショい」や「キモい」などの新形容詞でも、語頭から2モーラ「キショ」「キモ」を取って、そこに形容詞の印である「い」を付けています。

　一昔前の新動詞（サボる、アジる）や新形容詞（ナウい）も同じです。この点では、「真面目」から派生した「マジ」という新語も、その先輩格である「キザ」（＜気障り）という新語も同じ規則に従っています（ただし、これらの2語は略されることによって新語の意味が元の語と少なからず変わってしまいました）。このように、語頭から2モーラを残すというのは日本語の略語に昔から見られる一般的な特徴です。この点では、現代の若者言葉に現れる新動詞や新形容詞も例外ではありません。

　ところで、新動詞や新形容詞の中には「スタバる」や「ウットい」「メンドい」のように、語頭から3モーラを取った例もありますが、これらの例外にはそれなりの事情があります。「スタバる」の「スタバ」は「スターバッ

クス」という複合語が略されたもの（これについては後述します）、つまり、「スタバ」自体が既に略語であるという事情があります。

　一方、「メンドい」や「ウットい」には2モーラ目が撥音（ん）や促音（っ）であるという特殊事情があります。「パンフレット」や「シンパサイザー」「ローテーション」などの外来語がそれぞれ「パン」「シン」「ロー」ではなく「パンフ」「シンパ」「ローテ」と略されるのと同じように、2モーラの略語は撥音や促音、長音などの自立性の低い音では終われないため、仕方なく三つ目のモーラまで残しているのです。関西弁の「しんどい」という形容詞は、もともと「心労、辛労」という名詞に「い」という形容詞語尾が付いたものですが、ここでも2モーラ目が「ん」であるために、3モーラ目まで残しています（「ろ」のようなラ行音が「ど」などのダ行音に変わるのは自然な音変化で、たとえば「ラーメン」が「ダーメン」になる現象は赤ちゃんの発音や地方の方言によく出てきます）。

省エネの原理

　略語を支配している三つ目の法則が、よく使う語を略すという原則です。略すというのは前述のように省エネが目的ですので、使用頻度が高い語ほど省エネ効果も高くなります。逆に言うと、めったに使わない語はもともと省エネの必要がなく、略しても省エネ効果が低いわけです。さらにめったに使わない語を略すと、何の略語であったかがわからなくなるおそれも出てきます。

25

第1部　中高年の悩み

　よく使う語を略すというのは、日本語だけでなくどの言語にも見られる傾向ですが、実はここに世代間の誤解が生じる原因があります。若者たちと中高年層では、よく使う言葉が違うという事情があるために、同じ略語の法則が働いても、使われる略語が違ってくるわけです。たとえばマクドナルドにあまり行かない人には、「マクドナルドに行く」という表現を略す必要がありません。「けばけばしい」という形容詞をあまり使わない人には、それを「ケバい」と略す必要がないのです。

　「よく使う語を略す」という原則をお互いに踏まえながらも、よく使う語が違うために略語も違ってきている。ここに世代間の誤解が生じる原因があるようです。

ポルノが好き

　中高年層と若年層ではよく使う言葉が違うために、略語も違ってくると述べましたが、このことを示す1例が「ポルノ」という略語です。10年以上前のことですが、小学生の子供たちが「ポルノが好き！」と言っているのを聞いてショックを受けたことがありました。「ポルノ」という語を「ポルノグラフィー」の略語としてしか理解できない世代には衝撃的な発言です。

　今の子供たちが小学生からポルノを見ているという想像はたしかに衝撃的ですが、子供たちはポルノを見ていたのではなく聴いていたのでした。子供たちが言っている「ポルノ」は実は「ポルノグラフィティ」という歌手グループ（男性2人のロックバンド）の略語だったのです。

26

大人　　ポルノ（グラフィー）

子供　　ポルノ（グラフィティ）

　大人がポルノを見るのに対して、子供たちはポルノを聴いていたと知って安堵しましたが、いずれの「ポルノ」も単語の頭を残すという略語の法則に忠実に従っています。ただ、よく使う単語が世代間で異なるために、上記のような誤解が生じることになります。

「マクる」の大先輩

　略語の作り方に話を戻します。略語の二つ目の法則として「語頭の２モーラを残す」という規則を説明しましたが、これは世界中の言語に見られる普遍的な法則ではないようです。たとえば英語の略語では「２モーラ以上残す」という条件はありますが、「２モーラだけ残す」という条件はありません*3。

　日本語の歴史をたどっていくと、この条件は少なくとも室町時代くらいまではさかのぼることができるようです。当時、宮中に仕えていた女官たちの言葉を女房言葉（女房詞）と言いますが、この女房言葉に現代と同じ略語

＊３　professor（教授）の略語が prof[prɔf] という短母音＋子音（ɔf）の形になるのに対して professional（プロフェッショナル）の略語が pro[prou] という二重母音（ou）で終わる形になるのは１モーラの短縮形を避けようとするものです。これに対し、examination（試験）→ exam や hippopotamus（カバ）→ hippo のように、２モーラを超える長さを持つ略語も多数あります。

第 1 部　中高年の悩み

のパターンが見られます。

むつき　→　お・むつ

つむり　→　お・つむ

鳴らし　→　お・なら

冷やし　→　お・ひや

寝小便　→　お・ねしょ

数々（そろえる）　→　お・かず

田楽　→　お・でん

　女房言葉の略語では語頭に丁寧さを表す「お」を付けるものの、元の語の最初の2モーラを取るという点では、現代の略語と同じです。つまり、語頭に「お」を付けるところが庶民の略語と違うだけで、語頭から2モーラを取るという基本構造は同じなのです。この略語パターンは現在でも時折使われていて、「こたつ」が「おこた」、「さつまいも」が「おさつ」、「座布団」が「おざぶ」と略されることがあります。

「せくらべ」か「せいくらべ」か

　このように語頭の2モーラを残すという法則は、日本語に昔からある略語の形式です。さらに面白いことに、2モーラというのは現代日本語において基本的な発音の単位だと考えられています。この単位を言語学ではフット（foot）と呼んでいますが、日本語には2モーラの長さにまとめようという現象があちこちに見られます。

第 2 章　何でも略す日本語

　たとえば、日本語の基本語彙には 2 モーラの身体語彙
（鼻、耳、口、肩など）や自然を表す語彙（風、川、山、花、
月など）が多数ある一方で、1 モーラの語彙も珍しくあ
りません。

　胃、絵、尾、蚊、気、木、句、毛、子、差、詩、死、酢、
　背、田、血、手、戸、名、荷、根、野、歯、葉、麩、屁、
　穂、間、身、目、矢、湯、世、和、輪

　しかし私たちが日常生活で使う時には、（ⅰ）別の語に
言い換える、（ⅱ）頭に「お」を付ける、（ⅲ）後ろに何か
付けるなどの方法で、1 モーラの長さを避けようとしま
す。

（ⅰ）屁　→　おなら、身　→　体（からだ）
（ⅱ）酢　→　お酢、麩　→　お麩、湯　→　お湯
（ⅲ）尾　→　おっぽ、しっぽ、子　→　子供、背　→　背
　　　中、田　→　田圃（たんぼ）、名　→　名前、荷　→　荷
　　　物、根　→根っこ、野　→　野原、葉　→　葉っぱ、
　　　世　→　世の中

　1 モーラの語をそのまま使う場合でも、語句や文の中
では 2 モーラに伸ばす傾向が観察されます。曜日や数字
を表す 1 モーラの語の母音（下線部）を伸ばすことによっ
て、その語を 2 モーラの長さに保とうとしているのです。

29

第1部　中高年の悩み

　a. 曜日　　　　月、<u>火</u>、水、木、金、<u>土</u>、日
　b. 十二支　　　<u>子</u>（ね）、丑、寅、<u>卯</u>（う）、辰、巳（み）、
　　　　　　　　午、未、申、酉、戌、<u>亥</u>（い）
　c. 数字　　　　<u>五</u>七<u>五</u>、五・一<u>五</u>事件、二・二六事件、
　　　　　　　　Ｏ157
　d. 電話番号　　03-<u>257</u>-2551

　さらに関西弁では、「手」や「毛」のような1モーラ語をアクセント（音の高低）で区別しながら2モーラの長さに発音しています。関西以外でも、「背比べ」の「背（せ）」を「せー（くらべ）」と長く発音する方言は珍しくありません。

　　大阪弁のアクセント
　　　a. 上昇調（↗）手（テー）、目（メー）、木（キー）、火
　　　　　（ヒー）、絵（エー）
　　　b. 平板調（→）血（チー）、蚊（カー）、気（キー）、柄
　　　　　（エー）、子（コー）
　　　c. 下降調（↘）毛（ケー）胃（イー）、日（ヒー）、歯
　　　　　（ハー）、葉（ハー）

やくざの「やあさん」

　以上見た例は、1モーラの長さを避けて2モーラの語を作り出そうとする現象ですが、これとは逆に、3モーラ以上の長さの語を2モーラに縮める現象も見られます。たとえば人のニックネームでは、意味や漢字の切れ目と

は関係なく、語頭から2モーラを残すことがよく行われます。上で見た新動詞・新形容詞や女房言葉と同じように、使用頻度の高い長い語から最初の2モーラだけを取って略語を作っているのです。ちなみに最後の2例は語頭の1モーラだけを取りますが、母音を伸ばすことによって2モーラを達成しています。

野村 → ノム（さん）
小林 → コバ（さん）
桜井 → サク（ちゃん）
恵 → メグ（ちゃん）
やくざ → ヤー（さん）
鈴木さん → スー（さん）

略語の「リ」

略語の最小の長さは2モーラであると述べてきましたが、最近、1モーラの略語が報告されています。「リ」ないしは「リョ」という1モーラの略語です。「了解」を意味する若者たちの略語で、スマホなどのメールでよく使われているようです。この略語は上で述べた原則に違反すると思われがちですが、そうではありません。「リ」というのは書き言葉として使われているもので、話し言葉ではありません。その意味では、略語というより略号もしくは略記といった方が正確だと思われます。

かつて出版・印刷業界では、ページの意味で「ペ」という1文字の略号が使われていたようですが、これも話し

言葉ではありません。書き言葉の略号（略記）であれば
仮名1文字（1モーラ）の長さも許容されるのでしょう。

詩歌のリズム

　これまで述べてきた例の他にも、日本語の中で2モー
ラという単位が重要な役割を果たしていると思われる現
象がいくつもあります。その一つが短歌や俳句のリズム
です。日本語の詩歌はモーラを基本単位として、短歌は
五七五七七、俳句や川柳は五七五というリズムを持つと
言われていますが、実は休符（間）を含めると八八八（八
八）という基底構造から作り出されており、その八とい
う単位は2モーラが四つ束になった構造をしているとい
う説があります（別宮貞徳『日本語のリズム——四拍子文化
論』講談社現代新書、1977年）。

　この説では、八つのモーラが集まっていきなり八とい
う構造を作り出すわけではなく、その途中段階とし
て、2モーラで一つのまとまり（フット）を作り、さらに
4モーラずつまとまっていると考えます。つまり五七五
（七七）の各行が、休符を含めると次のようなまとまりを
作っていると考えるのです。ここで重要な働きをしてい
るのが二つのモーラを一つに束ねたフットという単位で
す。音符で書くと次のようになります。

　　((♪♪)(♪♪))((♪♪)(♪♪))
　　やせ　がえ　る♪　　❧
　　まけ　るな　いっ　さ♪

これ　　に♪　　あり　　♪

　この説が正しいとすれば、次にあげる標語や川柳も実はこのような階層構造を有しており、（字余りも含め）五七五というリズムがそこから生み出されていると考えられます。

交通標語
　とび出すな　車は急に　止まれない
　とび出すな　車のあとに　また車
　自転車も　のれば車の　なかまいり

川柳
　日本中　あっちこっちで　タマゴッチ　　　（小学生）
　日米の　ともに英雄　野茂英雄　　　　　　（中学生）
　デジカメの　エサはなんだと　孫に聞く

　　　　　　　　　　　　　　　　　　　（サラリーマン）

　壁ドンを　妻にやったら　平手打ち　　　　（同上）
　そっと起き　そっと出掛けて　そっと寝る　（同上）
　旅行好き　行ってないのは　冥土だけ　　（シルバー）
　何食べる　聞くだけ聞いて　いつものおかず

　　　　　　　　　　　　　　　　　（綾小路きみまろ）

音楽のリズム
　ところで五七五（七七）が八八八八八であるという仮説は、日本語のリズムが四拍子であることを含意して

います。実際に日本語には「犬のおまわりさん」(佐藤義美作詞、大中恩作曲) や「めだかの学校」(茶木滋作詞、中田喜直作曲) のような童謡でも、「春の小川」や「夏は来ぬ」のような唱歌でも、あるいは大人の歌謡曲でも、四拍子は日本語の歌に一番よく出てくるリズムです。たとえば日本童謡協会編の『日本の童謡200選』(音楽之友社、1985年) を調べてみると、全200曲のうち約60%(117曲) が四拍子の歌で、次に多いのが「おつかいありさん」(関根栄一作詞、團伊玖磨作曲) や「サッちゃん」(阪田寛夫作詞、大中恩作曲) のような二拍子の歌 (30%、60曲) となっています。四拍子と二拍子で全体の90%を占めています。これに対し、三拍子の曲は10%弱 (19曲) という少なさです。二拍子と四拍子は同じグループで、二拍子は四拍子の半分の構造、逆の見方をすると2モーラのフットが二つ連続した構造 ((♪♪)(♪♪)) をしています。あるいは四分音符を基調にすると、四拍子が ((♩♩)(♩♩)) という構造を持つことになります。

　日本語の歌にはどうして二拍子や四拍子が多いのか。この詩歌や音楽のリズムが日本人の稲作文化と密接に関係しているという説もあります (小島美子『音楽からみた日本人』[NHK人間大学] 日本放送出版協会、1994年)。馬に乗ることによって生計を立てる騎馬民族はワルツのような三拍子の曲を好み、一方、稲作などの比較的単調な作業で生活する農耕民族は、四拍子や二拍子を好むという仮説です。この仮説が正しければ、田植えや稲刈りでは左右、左右という単調な足の動きを伴うため、生活の中

の歌も単調なリズムを持っているということになります。この単調なリズムの基本単位を作っているのが2モーラのフットということになるわけです。

2 デジカメの餌

デジカメ

　冒頭にあげた川柳に「デジカメのエサはなんだと孫に聞く」という句がありました。孫に「デジカメを買って！」とせがまれた高齢者が、「飼ってもいいけど、デジカメの餌は何だ？」と尋ねた、そこに生じたコミュニケーション障害を詠んだ句です。この川柳では「買う」と「飼う」の混同と並んで（ちなみに私の母語である鹿児島弁では全くの同音異義語ですが、標準語ではアクセントで区別できます）、「デジカメ」という語が誤解の原因となっています。

　高年層は「デジカメ」と聞いて、ウミガメやミドリガメと同じ亀の一種、つまり○○＋カメという複合語だと理解し、一方、孫の世代は「デジタルカメラ」という複合語の略語として同じ語を使っています。生まれた時からデジカメがある世代にとっては、この語が「デジタル」と「カメラ」を一緒にした複合語の略語であることすらあまり意識されていないのかもしれません。造語という点からみると、2語を組み合わせて複合語を作り、それをさらに短縮した形です。

デジタル＋カメラ → （複合語）デジタルカメラ
　　→ （略語）デジカメ

　最後の短縮の過程では、各要素の頭の2モーラずつを組み合わせています。これは日本語の複合語を短くする時に使われる一つの方法ですが（もう一つの方法については後ほど述べます）、ここでも語の最初の部分を残している点が重要なところです。頭を残すというのは「マクる」や「ポルノ」などの非複合語（単純語）の短縮と同じ法則で、複合語でない場合には語頭を残し、複合語の場合には各要素の語頭を残します。語頭を残すことによって、元の語が何であったかが復元（想起）しやすくなります。

ユニクロとコブクロ

　このようにして作られた複合語の略語は現代日本語に数多くあり、商品名、会社名、グループ名等々、このタイプの略語は日夜作り出されています。ユニクロ、東芝、京セラなどのように、略語が正式名称になったものも少なくありません。

ポケ（ット）・モン（スター） → ポケモン
パリ・コレ（クション） → パリコレ
アニ（メ）・ソン（グ） → アニソン
ユニ（ーク）・クロ（ージング ウェアハウス）
　→ ユニクロ〔会社名〕

東(京)・芝(浦)電気 → 東芝〔会社名〕

京(都)・セラ(ミック) → 京セラ〔会社名〕

ミス(ター)・チル(ドレン) → ミスチル〔歌手グループ〕

ドリ(ームズ)・カム(トゥルー) → ドリカム〔歌手グループ〕

モー(ニング)・むす(め) → モー娘。〔歌手グループ〕

きむ(ら)・たく(や) → キムタク〔俳優・歌手〕

こぶ(ち)・くろ(だ) → コブクロ〔歌手グループ〕

　このような略語が日夜作り出されているために、新しい略語の中には元となった語がわからないものがあってもおかしくありません。あるいは元の語が予想できても、それが何を意味するのかわからないというケースも出てきます。若者たちと中高年層ではよく使う複合語が異なり、それによって略される語も異なってくるために、「若い人たちの言葉はわからない」という状況が作り出されるのです。

「じゃがいも」と「半ドン」

　世代間のギャップはこのようにして作り出されていると思われますが、その一方で、略語の作り方には大差はありません。老いも若きも、昔も今も、語頭の2モーラずつを組み合わせるという作り方に従っています。このようにして作られた伝統的な略語に次のようなものがあります。ちなみに「ジャガタラ」は今のインドネシアのジャカルタであり、「ドンタク」は日曜を意味するオラン

ダ語 zontag です。後者は「博多どんたく」というお祭り
にも痕跡を残しています。

八百(屋の)・長(兵衛) → 八百長
八百(屋)・半(次郎) → ヤオハン〔会社名〕
断(然)・トッ(プ) → ダントツ
経(世)・済(民) → 経済
榎(本)・健(一) → エノケン〔コメディアン〕
ジャガ(タラ)・いも → じゃがいも
はん(ぶん)・ドン(タク)
　　→ 半ドン〔仕事や学校が半日お休み〕
特(別)・急(行) → 特急

　これらの伝統的な略語の中には、語源が意識されてい
ないものや、中高年にしか通じない略語も多くありま
す。たとえば「半ドン」などは今ではほとんど死語になり
つつあるようです。週休2日が当たり前の若者たちに
は、半ドンは牛丼やカツ丼と同じく丼飯の一種と誤解さ
れるのかもしれません。「ダントツ」も若者たちには通
じにくいようです。
　語源がわからなくても日常生活で不都合は生じませ
んが、意味が通じないとそういうわけにはいきません。
「上司の言うことがわからない」「おじさん、おばさんた
ちの日本語が通じない」という若者たちの反応につなが
る心配があるのです。

生コンとボディコン

最後に、現代日本語に頻出する「…コン」の例を見てみましょう。

生・コン（クリート）
ラジ（オ）・コン（トロール）
合（同）・コン（パ）
ミス・コン（テスト）
リモ（ート）・コン（トロール）
エア（ー）・コン（ディショナー）
ツア（ー）・コン（ダクター）
ボディ（ー）・コン（シャス）
ゼネ（ラル）・コン（トラクター）〔大手総合建設業者〕
ネオ・コン（サーバティズム）〔新保守主義〕
糸・こん（にゃく）

「リモコン」や「糸こん」は世代を超えて使われていますが、そうでないものもあります。たとえば「生コン」や「ラジコン」は中年以上には通じますが、若者たちには通じにくい語です。逆に「ツアコン」や「ボディコン」は若者たちにはすぐわかりますが、中高年にはわかりにくいところがあります。ツアコンがツアーコンダクターの略語だということはわかっても、その意味はわからないかもしれません。意味を説明してもらって「何だ、添乗員のことか」と思った人が少なくないはずです。さらに「ネオコン」や「ゼネコン」のように、世代を超えて政

治好きや経済好きの人以外には通じにくい略語もあります。ここにも、よく知っている語は略すという略語の原則が現れてきます。人によってよく使う単語が異なるために略す単語も異なってくる、それによって意思疎通が妨げられるのです。

「とんかつ」と「シューカツ」

「…コン」の他にも紛らわしい略語はたくさんあります。「就活」と「終活」のように、同じ発音で意味が異なるものは特に紛らわしいところです。

…カツ	トンカツ、シューカツ（就活、終活）、コンカツ（婚活）
…スト	ハンスト（ハンガー・ストライキ）、パンスト（パンティー・ストッキング）、エンスト（エンジン・ストップ）、メンスト（メーン・ストリート）
…チュー	アルチュー（アルコール中毒）、ジコチュー（自己中心的）、セカチュー（世界の中心で愛を叫ぶ）〔小説、ドラマ、映画のタイトル〕
…テン	バクテン（バック転回）、ホコテン（歩行者天国）、ゴボテン（牛蒡天ぷら）、ジコテン（自己点検）

この手の略語は携帯電話を使ったメール通信が普及してさらに増えてきたようで、書き言葉なのか話し言葉な

のかわからなくなります。「明けましておめでとう」を「アケオメ」、「今年もよろしく」を「コトヨロ」と略すといった例です。２文字ずつ取るのであれば「ご結婚おめでとう」は「ゴケオメ（後家おめ？）」と言うのかと突っ込みたくなります。

3 ペットの水でいいですか

ペットの水

　中高年を悩ますもう一つのタイプの略語に「ケータイ」タイプの略語があります。これは携帯電話という複合語の最初の要素を丸々残して、あとの要素を完全に消してしまうタイプの略語です。

　　携帯（電話）　→　ケータイ

　ここでも若者たちは中高年が略さない語を略します。個人的な体験談として「ペット」の例を紹介します。
　今から10年以上前の話になりますが、新幹線に乗っていてむしょうに水を飲みたくなったことがありました。かつてはトイレ付近に chilled water と書かれた水飲み場があり、備え付けの紙コップで無料の水を飲むことができましたが、この設備もいつの間にかなくなっていました。ちょうど車内販売（今では「ワゴンサービス」と名を変えています）の女性が来たので、「水を下さい」と注文したのですが、その時返ってきたのが「ペットの水で

いいですか？」という想定外の問いかけでした。

　水を注文したのに「ペットの水でいいですか？」と問われる。「ペット」という語彙に「犬や猫の類」という意味しか持たなかった者には、「ペットの水」は「犬猫用の水」という意味にしか解釈できないものでした。人間に向かって「ペット用の水」を勧めるとはどういうことなのか、その真意がわからずに一瞬戸惑ったのです。

　こういう時には場面が誤解を解く助けとなります。女性販売員が手に持っているペットボトルを見て、ペットボトルの水という意味かと合点しましたが、「ペットボトル」という複合語を「ペット」と略さない者にとって、この新しい略語は新鮮であり、また同時に迷惑なものでした。

「こうもり」と「じゃのめ」

　これとは逆に、老年層の略語に戸惑った経験もあります。名古屋に住んでいた頃、市バスの中で「こうもり」という略語に出くわしました。バスを降りたお年寄りが慌てて戻ってきて「こうもりを忘れた」と運転手さんに言ったのです。「こうもり」という辞書項目に動物の「蝙蝠」という意味しか持たない者にとって、「こうもりを忘れた」という表現は「生き物の蝙蝠を忘れた」という意味にしか解釈できません。ペットの猫ならともかくも、生きた蝙蝠を連れてバスに乗っていたのかと一瞬誤解してしまったわけです。

　もちろん、このお年寄りが意図したのは生き物の蝙蝠

ではありませんでした。「こうもり傘」を略して「こうもり」と言ったのです。複合語の最初の要素を丸々残してあとを省略するという典型的な略語形ですが、この略語規則が「こうもり傘」という語に適用されるとは思いもしませんでした。携帯電話をケータイと略すのと全く同じ規則に従っているとは言え、めったに「こうもり傘」という複合語を使わない者にとっては意外な略語です。ただ落ち着いて考えてみると、歌の文句に類似の略語が出てきます。

「あめふり」　　　　　　　（北原白秋作詞、中山晋平作曲）
あめあめふれふれかあさんが　じゃのめでおむかい
うれしいな
（雨雨降れ降れ、母さんが蛇の目でお迎い嬉しいな）

この童謡に出てくる「じゃのめ」という略語も今では死語のようですが、略し方は現代人が携帯電話を「ケータイ」と呼ぶのと同じです。この例もまた、世代によって略す語が異なる、そしてそのことによって世代間の誤解が生じることを示しています。

こうもり（傘）
　　→　こうもり〔蝙蝠の翼の形に似た洋傘〕
じゃのめ（傘）
　　→　じゃのめ〔江戸時代から使われた蛇の目模様の雨傘〕

第1部　中高年の悩み

「ガクドウ」の子

　略語で誤解が生じるのは世代間だけではありません。世代は同じでも、使用語彙が異なると同様の誤解が生じます。たとえば20年ほど前に知人と小学校の話をしている際に「ガクドウの子」という意味不明の表現を耳にしました。その人は「学童保育」を「学童」と略して「学童（保育）の子」と言ったのですが、この複合語を略して使うことのなかった者にとっては意味が通じない語でした。自分が持っている語彙を総動員した結果、「極道の子」と誤解しそうになったのを覚えています。学童保育の子と極道（やくざ）の子では雲泥の差です。

　このように人によって略す言葉が異なるために誤解が生じるのですが、ここでも略し方自体に個人差や世代差があるわけではありません。複合語の最初の要素を残すという点では共通しています。このタイプの略語もまた、現代の日本語で数多く使われています。外来語の略語の多くは、「ノート（ブック）」のように日本語にしか通じない和製の略語です。

　　仮設（住宅）
　　快速（電車）
　　スーパー（マーケット）
　　カッター（シャツ）
　　カッター（ナイフ）
　　マジック（インキ）
　　バスケット（ボール）

アルツハイマー（病）〔アルツハイマー＝人名〕
ノート（ブック）
カレー（ライス）

早稲田と慶應

　辞書に載っている語だけではありません。私たちはよく使う複合語をこの規則を使って略しています。たとえば大学の話をする時には、なじみのある名前を同じ規則で略します。ここでも、人によって略す語は異なりますが、略し方は同じです。○○大学の場合は特に、後ろの要素を残すとすべて「大学」になってしまいますから、前の要素を残さないと意味が通じなくなってしまいます。

　早稲田（大学）
　慶應（義塾大学）
　南山（大学）
　同志社（大学）
　立命館（大学）
　西南（学院大学）

　「ケータイ」や「ペットの水」「こうもり」などの例は、すべて複合語の最初の要素を残す形式をとっていました。「ポケ（ット）・モン（スター）」のように、各要素の最初だけを切り取って組み合わせる略語とは作り方が違いますが、最初の部分を残すという点では共通しています。最初の部分を残すことによって、元の語が何であったかを

第1部　中高年の悩み

復元（想起）しやすくしているのです。

　この原理は古今東西を問わず共通のもので、昔作られた略語の中には既に略語であることが忘れられているものもたくさんあります。たとえば豆の仲間に「いんげん」がありますが、これはこの豆を日本に持ってきた「隠元禅師」の名前から「いんげん豆」と呼ばれていたものが短くなってできた語です。同じように定着した略語に次のようなものがあります。

　　釣り（銭）
　　見せ（棚）〔＝店、商品を見せる棚の意〕
　　どんぶり（鉢）
　　田楽（焼き）
　　包丁（刀）

　英語でも複合語の前を残すことによって多くの略語が使われています。その中には「コンタクト」や「ミニ」のように、そのまま日本語に入っている語も少なくありません。

　　contact（lens）
　　mini（skirt）
　　Scotch（whisky）
　　regular（customer）〔常連客〕
　　hamburger（steak）〔ハンバーグ〕
　　daily（paper）〔日刊新聞〕
　　remote（control）〔テレビのリモコン〕

第2章　何でも略す日本語

4 マイウ

　ここで少しだけ脱線して、略語以外の新語について述べたいと思います。食べ物やレストランを紹介する娯楽番組が多いのが日本のテレビ番組の一つの特徴だと知り合いのアメリカ人が言っていましたが、たしかにこの種の番組が毎日のように放映されています。そのような番組では「マイウ」という言葉をよく耳にします。「うまい」という語の逆さ言葉です。語の前半と後半を入れ替えて作る新語ですが、原則として、語末の2モーラ（仮名2文字）を前に持ってきて入れ替えを行います。よく出てくるのは次のような語です（「ピアノ」は実際には「ピヤノ」と発音されています）。

　　うまい→マイウ
　　ごめん→メンゴ
　　ピアノ→ヤノピ
　　マネージャー → ジャーマネ
　　ばつぐん→グンバツ（抜群）
　　おっぱい→パイオツ
　　いけばな→バナイケ（生け花）

　この造語法は、ジャズ音楽家たちの言葉遊びから始まったとされるもので、ズージャ語と呼ばれています。この名称自体が「ジャズ」という語をひっくり返した逆さ言葉です。ジャズは2モーラの長さしかないため、語末

47

第1部　中高年の悩み

の1モーラを語頭に持ってくる形で逆さ言葉を作っています。

ジャズ → ズージャ
キー → イーキ

　同様に、語末の2モーラ間に意味の切れ目（形態素境界）がある時は、例外的に語末の1モーラを前に持ってきます。

銀座 → ザギン
森田 → タモリ〔タレント〕

　逆さ言葉は造語法の中でも珍しいものです。仲間内の言葉（隠語）として使われることが多いため、仲間以外の人には通じにくいのが特徴です。また、隠語であることからしばしば悪いニュアンスを帯びてきます。たとえば「どや街」の「どや」は「宿（やど）」をひっくり返した言葉ですが、「どや街」は単に宿泊施設が多い街という意味ではなく、安い宿屋街という意味を持っています。「札屋」から派生した「ダフ屋」も、スポーツやコンサートなどのチケット（札）を違法に売りさばく業者を指す語です。このような隠語は警察ややくざ関係に多く見られます。

やど → どや街〔安い宿屋街、簡易旅館街〕

48

ふだ → ダフ屋〔札屋＝チケット販売業〕
たね（種）→ ネタ
場所代 → しょば代

　もっとも、逆さ言葉が常に隠語というわけではありません。現代日本語では会社名やキャラクター名などにも使われています。

鳥井さん（もしくは鳥井＋sun）→ サントリー
工藤淳 → ジュンク堂〔書店〕
野菜 → サイヤ人〔漫画『ドラゴンボール』〕
魔人ブウ → ウーブ〔同上〕

第1部　中高年の悩み

第**3**章
パンツをはかない女性たち

　これまでは主に略語が誤解の原因となっている例を見てきましたが、同じ言葉でも世代によって意味が異なってくるために誤解が生じることがあります。ここでは「やばい」という形容詞と「パンツ」という名詞の例を見てみましょう。

1　「やばい」話

イチローの「やばい」

　2009年の野球の世界大会ワールドベースボールクラシック（WBC）でのことです。この大会で日本は韓国との決勝戦を延長の末に制して優勝しましたが、その時のイチロー選手の発言が印象的でした。優勝インタビューを受けて「やばいっすよ。最高です」と言っていたのです。決勝のタイムリーを打った選手が「最高です」と言うのは理解できますが、そこに「やばい」という形容詞が並んで出てくるのに違和感を覚えました。私と同じ違和感を覚えた中高年の人たちは多かったのではないでしょうか。

　中高年にとって「やばい」という言葉は「危険だ、まずい」の意味を持っています。この語はもともと「具合が悪い、危険だ、不都合だ」という意味を持つ「やば」とい

50

う形容動詞に由来しており、そこから派生した「やばい」もまた、「身に危険が迫る様」や「不都合なことが起こりそうな状況」を表す語として使われてきました。何か悪いことを警察に見つかりそうだという場面や、思いがけない展開で何か危険なことが起こりそうだという場面で使う言葉です。

　一方、若者たちは「素敵だ、最高だ」という意味で「やばい」という言葉を使っています。当時30歳代であったイチロー選手が使っていたのはこの意味の「やばい」です。「最高」と同義の言葉なので、この語と一緒に使われたとしても不思議ではないことになります。中高年が「やったぞ、最高だ」と言っているようなものなのです。

奥さん、やばいっすよ！

　中高年が「危険だ、まずい」という意味で使っている言葉を若者たちが「素敵だ、最高だ」という意味で使うわけですので、当然のことながら世代間のコミュニケーション障害が生じます。たとえば、ブティックで試着した中年女性が若い男性店員に

　　奥さん、やばいっすよ、これ。

と言われて、何が何だかわからなくなったという逸話があります。店員にしてみれば「奥さん、その服よく似合ってますよ。格好いいですよ」と褒めたつもりで言ったのでしょうが、「やばい」の新しい語義を知らない中年

女性には「ひどいですよ、その服」とでも言われた気が
したのでしょう。イチローの優勝インタビューと同じよ
うに、中高年には理解しがたい発言になります。

　と言っても、若者たちが「やばい」を「危険だ、まず
い」という旧来の意味で使わなくなったわけではありま
せん。何か悪いことをして学校の先生や警察に見つかり
そうになった時には、今でも「やばい」という言葉を使
っています。中高年には理解しづらいことですが、若者
たちの辞書では「まずい」という否定的な意味と「最高
だ」という肯定的な意味が「やばい」という言葉の中に
共存しているのです。両者が「普通ではない」という共
通の意味を持っていることはわかりますが、どうしてこ
のような共存が可能なのか不思議です。若者同士の会話
で誤解が生じることはないのかという素朴な疑問が湧い
てきます。

意味の上昇

　否定的な意味しか持たなかった「やばい」という語が、
どうしてこのように肯定的な意味を持つようになったの
か。その過程はよくわかりませんが、この例は、時代と
ともに言葉の意味が変化することを示しています。「や
ばい」の場合には特に、「危険だ、まずい」という悪い意
味を持っていた単語が、いつの間にか「素敵だ、最高だ」
という良い意味に変わっています。言語学で意味の上昇
（raising of meaning）と呼ばれている言語変化の一種で
す。

第3章 パンツをはかない女性たち

　日本語でも英語でも、時が経つにつれて言葉の意味が変わることがあります。変化の方向によって、言語学では次の4種類に区分されるのが一般的です。

　意味の上昇（raising of meaning）
　　──元の意味よりも良い意味を持つようになる変化
　意味の下降（lowering of meaning）
　　──元の意味よりも悪い意味を持つようになる変化
　意味の拡大（widening of meaning）
　　──より広い意味を持つようになる変化
　意味の縮小（narrowing of meaning）
　　──より狭い意味を持つようになる変化

　「やばい」の場合には「危険だ、まずい」という悪い意味から「素敵だ、最高だ」という良い意味に変化していますので、意味の上昇が起こったことになります。また、若者たちは元の意味と新しい意味を共存させて使っていますので、意味の拡大も同時に起こっていることになります。

我慢と自慢

　意味の上昇が起こった別の例として、「我慢」という語をあげることができます。この語は仏教の世界では「自分を偉いと立てて慢心すること」「我意を張ること」を意味する言葉でした。つまり、もともとは「自慢」と同じように悪い意味を持つ語であり、してはいけない行為を

53

第1部　中高年の悩み

指す言葉でした。

　ところが今では「つらいことを耐え忍ぶ」「弱音を吐かない」という良い意味で使われています。我慢することは良いことであり、我慢できることは褒められる良い行いなのです。「我慢」は、「我意を張る」という悪い意味から、「つらいことを耐え忍ぶ」という良い意味に変わったことがわかります。この意味の変化がいつの時代に、どのようにして起こったのかはわかりませんが、意味の上昇が起こったことは確かです。

　このような日本語の意味変化は『広辞苑』が良い参考書となります。この辞書には単語の意味が歴史的に古い順に記載されており、複数の意味を持つ単語（つまり多義語）の意味変化を知るのに便利です。たとえば「我慢」という語を引いてみると、この語の複数の意味が次の順番で記載されています。現代語の感覚には③がもっともよく合いますが、語源的には①や②という意味であったことがわかります。

　　がまん【我慢】
　　　①自分をえらく思い、他を軽んずること。
　　　②我意を張り他に従わないこと。
　　　③耐え忍ぶこと。

こだわりの一品

　最近になって意味の上昇が起こった言葉の例が「こだわり」です。この名詞は「こだわる」という動詞に対応

する言葉であることからもわかるように、もともと悪い意味を持っています。「こだわる」は今でも「気にしなくてもいいことを気にする」「必要以上に気にする」という悪い意味を持っており、こだわることは好ましくないことだとされています。その名詞形である「こだわり」もまた、「こだわること、文句をつけること」という悪い意味を持っていました。今でもいくつかの辞書はこの好ましくない意味しか載せていません。

　こだわり【拘り】
　　①こだわること。拘泥。
　　②なんくせをつけること。文句をつけること。
　（『大辞林』第三版、三省堂、2006年、以下同）

　ところが最近の使い方を見てみると、「自分の好みを主張すること」という比較的良い意味も持つようになっています。たとえば「こだわりの一品」「こだわりの注文住宅」という宣伝文句をよく耳にするようになりました。ここで使われている「こだわり」は「他の人とは違う、自分の個性や好みを生かした」という好意的な意味を持っています。世の中全体が個性を尊ぶようになって、個性や好みを生かすことが評価されるようになってきましたが、この社会の変化が「こだわり」の意味の上昇を引き起こしたのでしょうか。

すごい

　肯定的な意味と否定的な意味が共存しているもう一つの例が「凄い（すごい）」です。「凄惨」という語があるように、この語は「ぞっとするほど恐ろしい」という否定的な意味に使われる一方で、「すばらしい」「とても優れている」という肯定的な意味でも使われています。両者に共通するのは「程度が普通ではない」ということであり、この意味を踏まえていたら良い意味と悪い意味の両方に使えるというわけです。

　良い意味と悪い意味が「普通ではない」という共通の意味を有している点は、上述の「やばい」に似ています。もともと悪い意味であった語が、「普通ではない」という原義を軸に意味を好転させた例です。

意味の下降──いい加減

　いくつか意味が上昇する例を見てみましたが、これとは逆に、意味が下降する変化も珍しくありません。たとえば「いい加減」という表現はアクセントによって良い意味にも悪い意味にも使えます。「いい」と「加減」を別々のアクセント単位で発音すると、「程度が良い」ことを意味します。お風呂の湯加減を聞かれて「いい加減だ」という時の発音です。もともと「加減」とは「加えることと減らすこと」であり、ものごとの程度を意味します。それに「良い（いい）」という形容詞が付いた「いい加減」は、ちょうど良い程度や状態を意味することになります。

第3章　パンツをはかない女性たち

　これに対し、「いい」と「加減」を一つにまとめて発音すると悪い意味が出てきます。人柄を言う時に使う「いい加減」はまさにこの発音（意味）です。両者を比べてみると発音と意味の違いがよくわかります。

　今日のお湯はいい加減だ。
　あの人はいい加減だ。

　言葉になじみができると、アクセントは二つの単位から一つにまとまる傾向があります。このことから見ても、「いい加減」は良い意味から悪い意味に、意味を下降させた例と言えるでしょう。
　類似の例が「適当」という語です。「適当な人を推薦する」と言う時の「適当な」はほぼ「適切な」や「妥当な」と同義であり、ある目的や要求にほどよく合っている様を表します。これに対し「適当なことを言うな」や「いつも適当なことを言う」と言う時の「適当」は、その場を何とかつくろう程度という意味であり、悪い意味の「いい加減」とほぼ同義です。
　「適当に」と副詞的に使う時は、ほぼ後者の悪い意味が出てくるようですが、「適当な」と形容詞的に使うと良い意味にも悪い意味にもなり、前後の文脈によって判断せざるをえなくなります。「いい加減」とは違い、アクセントで区別されるわけでもないので、外国人にはむずかしい表現かもしれません。「適当な人を推薦する」と「適当に人を推薦する」ではニュアンスが違いますが、この違

57

いを理解するのは大変です。

意味が下降した例として、この他に「お前」や「往生」などをあげることができます。「お前」はもともと「御前」であり、相手を敬って言う言葉でしたが、次第に敬意がなくなり、今では自分と対等かそれ以下の人に対して使う語になっています。「往生」はもともと「死んで他の世界（特に極楽浄土）に生まれ変わること」を意味する仏教の言葉ですが、今では「どうにもしようがなくなり、閉口すること」という悪い意味で使われています。「往生している」と言えば、「困っている」の意味になるわけです。

英語の nice と silly

言葉の意味が上昇したり下降したりするのはもちろん日本語だけではありません。たとえば英語を見てみると、nice という語はラテン語の nescius（知らない）という語に由来し、シェイクスピアの時代（1600年頃）にはfoolish（愚かな）という意味で使われていたようです。「知らない」「愚かな」という意味から、現在の「素敵な」という意味へと、上昇の変化を遂げたことになります。

同様に fond という語も、シェイクスピアの時代にはfoolish（愚かな）という意味で使われていました。現在では「好きだ」（たとえば I am fond of you.＝あなたが好きだ）という意味で使われる語ですが、シェイクスピアの作品には「愚かな」という古い意味と「好きだ」という新しい意味が両方出てくるようです。「愚かな」という

意味からどうして「好きだ」という意味に好転したのか不思議な気がします。

nice や fond は日本語の「やばい」や「我慢」「こだわり」「すごい」と同じように、単語が悪い意味から良い意味へと上昇した例ですが、逆方向の変化も起こっています。英語ではむしろ、この方向の変化の方が多いようで、たとえば silly（馬鹿な）という語は現代ドイツ語の selig（恵まれた）と同源であり、古英語（11世紀頃までの英語）でも「恵まれた（blessed）」という意味で使われていました。この意味から「単純な（simple）」という意味へ下降し、その後、現在の「馬鹿な」という意味へとさらに下降したと見られています。stink という語も今では「悪臭を放つ」という意味で使われていますが、古英語の時代には単に「匂う」という意味で使われていたようです。悪い匂いだけでなく、良い匂いも stink だったわけです。

何がこのような意味変化を引き起こすのか、あるいは、どのような語がこのような意味変化を受けるのか、興味深い問題です。なお、英語の意味変化については Henry Alexander 著、*The Story of Our Language*（Thomas Nelson & Sons 社、1940年。1972年に成美堂から同名で再刊）が参考になります。

第1部　中高年の悩み

2 パンツとズボン

パンツはいてくればよかった

　職業柄、道行く人々の話や話し方に関心があります。電車に乗っていると周りの人たちの会話が聞こえてきますが、そこで用いられている表現や発音が気になって仕方ありません。そういう生活習慣の中で一番驚いたのが「パンツ」にまつわる会話でした。

　かつて阪急電車に乗って通勤していた頃、電車の中で隣り合わせた若者たちの会話に毎日耳を傾けて（そばだてて？）いたのですが、ある日乗り合わせた電車の中で3人の女子大生のうちの1人が次のようなことを言っていました。

　　A子：今日は風強いなあ。パンツはいてくればよかっ
　　　　　た。

　「風が強い」ことと「パンツをはいてくる」ことにどのような関係があるのかと思われがちですが、問題はそこにはありません。「パンツはいてくればよかった」ということは、その人が「パンツをはいていない」ことを意味します。傘を持ってこなかった人が「傘持ってくればよかった」と言うのと同じです。見てみると、発言者の女性はスカートをはいています。風の強い日に、若い女性がスカートをはきながら、「パンツをはいていない」ということに驚いたのです。

中高年にとって「パンツ」とは下半身にはく下着のことに他なりません。その下着をはいていないというのですから驚きです。しかもその女性はスカートをはいている。中高年であれば、スカートの下に何もはいていないという状況を想像するでしょう。漫画『ドラゴンボール』に出てくる亀仙人なら、その場で鼻血を出したかもしれません。

　この逸話もまた、若い世代と中高年の間に言葉の意味の違いがあることを表しています。若い女性が言うところの「パンツ」は下着のことではなく、ズボンを指しています。問題の女子大生は「スカートではなく、ズボンをはいてくればよかった」と言ったにすぎないのです。

外来語としての「パンツ」

　現代日本語で使われている「パンツ」には、本来の下着の意味に加えて、ズボンという新しい意味があります。「パンツ」はもともと英語から入った外来語で、「下着」を意味します。今でもイギリス英語で pants と言うとこの意味になりますが、アメリカ英語ではもっぱらズボンを意味する語です。つまり pants はイギリス英語では「下着」を、アメリカ英語では「ズボン」を意味します。日本語の「パンツ」は、イギリス英語と同じ意味で使われていた外来語ですが、近年になってアメリカ英語から「ズボン」という意味が入ってきて、日本語の中で共存するようになりました。英語でも日本語でも、下着の意味からズボンを含む意味に、意味が拡大（拡張）したこと

61

になります。

　ただ拡大したといっても、すべての日本語話者の辞書でこの変化が起こったわけではありません。中高年の男性にとっては、下着が「パンツ」、その上にはくのは「ズボン」というのが今でも普通でしょう。たまに洋品店で「ツーパンツのスーツ」（ズボンが２枚付いたスーツ）という表現を耳にしても、自分自身で話す時は「パンツ」と「ズボン」を意味の異なる語として言い分けています。これに対し、多くの女性は「パンツ」という一つの語を下着とズボンの両方の意味で用いているようです。

2種類のパンツ

　さらによく観察してみると、「パンツ」を下着とズボンの両方の意味で使っている人たちにも２種類あり、アクセントで区別するかどうかで二つのグループに大別できることがわかります。つまり、下着とズボンを両方とも同じ**パ**ンツという高低低のアクセントで発音する人たちと、このアクセントを下着の方だけに使う人たちです。後者の人たちは、ズボンの意味の「パンツ」をパ**ンツ**〔低高高〕というアクセントで発音して旧来の**パ**ンツ（下着）と区別しています。同じ「パンツ」に二つのアクセントがあり、古いアクセントは国語学でいう頭高型（果物の「**み**かん」と同じアクセント）、新しいアクセントは平板型（未完「み**かん**」と同じアクセント）ということになります。

　世代の差を考慮に入れると、次のような変化が見て取

第3章　パンツをはかない女性たち

れます。大雑把に言うと、中高年の男性はほとんど第一世代、中年女性は第二世代、若い世代（特に女性）は第三世代に属すと言えそうです。

第一世代　　　下着は「パンツ（**パ**ンツ）」、ズボンは「ズ
　　　　　　　ボン」
第二世代　　　下着もズボンも「**パ**ンツ」
第三世代　　　下着は「**パ**ンツ」、ズボンは「パ**ンツ**」

「ズボン」という語はまだ第三世代でも死語ではないので、第二世代や第三世代の人たちが第一世代の発言を誤解するという可能性は低いでしょう。一方、第一世代の人たちが第二、第三世代の人たちの発言を聞く時は要注意です。第二世代の人の発音を聞いただけでは「下着」のことなのか「ズボン」のことなのかわかりません。この場合は、文脈で判断するしかなさそうです。

　第三世代の人たちの発言ならアクセントで区別されているから大丈夫かというと、そういうわけでもありません。日本人はあまりアクセントによって語を区別するということをしません。たしかに「雨―飴」や「秋―空き」「仙台―先代」のようにアクセントで区別するペアは存在しますが、「仙台―千台」や「雲―蜘蛛」「女装―助走―除草―序奏」のようにアクセントで区別できない同音異義語もたくさんあります。統計的には前者が14％、後者が86％という数値が出ており、アクセントで区別できない同音語の方がはるかに多いというのが標準語のアクセ

63

ント事情です。2種類の「パンツ」の場合には同音異義
語（意味の異なる別々の単語）というより多義語（複数の意
味を持つ同一の語）ですので、アクセントで区別するのは
さらにまれという状況です。

　日本語ではさらに、方言間でアクセントが大きく異な
るという事情があります（詳しくは167-187頁参照）。たと
えば「雨」は東京では**あめ**〔高低〕というアクセントです
が、関西や鹿児島・長崎ではその逆のあめ〔低高〕とい
うアクセントを持っています。困ったことに、後者のあ
め〔低高〕は、東京では「飴」を意味するアクセントです。
つまり、同じあめ〔低高〕が東京では「飴」を、関西や九
州では「雨」を意味するのです。出身地が異なる人同士
で会話する機会もごく普通にあるため、実際の会話にお
いてアクセントを頼りに単語の意味を判断するというこ
とは効果的な方法ではありません。結局、この場合も文
脈に頼るしかないのです。

　このため、第三世代の人たちが下着とズボンをアクセ
ント（**パンツ**と**パンツ**）で区別したとしても、その違い
を瞬時に理解することは第一世代の人たちにはむずかし
いと思われます。いずれにしても文脈で区別するしかあ
りませんが、「パンツ」＝ズボンという語義を持たない
第一世代の人たちにとっては、それも負荷の高い作業と
言わざるをえません。パンツがどのように発音されたと
しても、自分の辞書にある「パンツ」＝下着という意味
で理解しようとしてしまいます。この節の冒頭で紹介し
た「パンツはいてくればよかった」という女子大生の発

言は、結局、「スカートの下に何もはいていない」という状況しか連想させないのです。よほどの文脈がない限り、今の中高年男性は結果的に亀仙人のような発想しかできないというのがこの節の結論です。

意味の拡大

「パンツ」の話は言葉の意味が拡大しうることを示唆しています。一つの意味しか持たなかった語が、少し拡張した別の意味まで持つようになる例です（図1）。

図1：「パンツ」の意味拡張

このように意味を拡大させた語は数多くあります。たとえば「ご飯」という語は今では「米飯」という意味と、「食事」という意味の両方で使われます。「明日の朝はパンにする？　それともご飯がいい？」という時の「ご飯」は前者の「米飯」の意味を持ち、一方、「朝ご飯、昼ご飯」という時の「ご飯」は後者の「食事」の意味で使われています。「朝ご飯にする？」という文があいまい性を持つのはこのためです。「朝」と「ご飯」でアクセントを区切ると「米飯」の意味になり、まとめて発音すると「朝食」の意味になります。

第1部　中高年の悩み

朝、ご飯にする？（それともパン？）
朝ご飯にする？（それとも、もう少し後がいい？）

「ご飯」という単語はもともと「米飯」を意味していましたが、日本人の食事ではお米がその中心であったため、「食事」全体を指すようになったと考えられています。「米飯」から、それを包括するより大きな意味の単語（上位語）である「食事」へと意味が拡張したことになります。

図2：「ご飯」の意味拡張

「奥様」という語も、同じように元の意味から上位語の意味へと意味範囲を広げた例です。もともとは公家や大名の正妻を指す言葉でしたが、今では身分を問わず、他人の妻を敬っていう語として使われています。女性を指す「女房」という語も、もともとは天皇の側に使える女の人を指していましたが、今では身分に関係なく、「妻」（特に自分の妻）という意味で使われています。「奥様」も「女房」も、特定の身分の女性を表していたものが、より一般的な意味へと拡張を起こした例と言えます。

腕を上げる

　意味の拡大には、元の意味からより包括的な意味へと意味範囲を広げる場合だけでなく、比喩的な意味へと意味が転移するケースも存在します。「腕」「若い」「先」などがその好例です。「腕」はもともと身体の一部を指す語ですが、「料理の腕を上げる」や「将棋の腕が上がった」などと言う時の「腕」はもはや身体語彙ではありません。身体そのものを表す語から、「腕前、技能」という比喩的な意味に拡張が起こっています。

　「若い」という形容詞も同様です。もともと人の年齢が低いという意味を持つ語が「若い会社」のように人以外にも用いられるようになり、さらには、「若い数字」（＝数字の小さいもの）や「番号の若い順に」のように、数字や番号の大小にも使われるようになっています。年齢の高低から数字の大小へと意味が拡張してきたことがわかります。もっとも、すべての形容詞がこのような意味拡張を示すわけではありません。「若い」が意味拡張を起こしたからといって、その反対語である「老いた」が「老いた数字」「番号の老いた順に」と拡張できるわけではないのです。

　比喩的な意味拡張の例は数多く存在します。「黒幕」や「金槌」「大黒柱」「二枚目」などについて、原義からどのように比喩的意味に拡張してきたかを想像してみるのも楽しいかもしれません。

第1部　中高年の悩み

「指の先」と「この先」

　「先」という語も意味が拡張しています。もともとは空間的な概念として、モノの先端を意味する語でした。「指の先」という時の「先」はこの意味です。「この先を曲がる」という時の「先」も同じです。これが時間的な概念に拡張すると、「ある時点より前」という意味を持つようになります。「先ほどお話ししました通り」や「この先どうなることやら」と言う時の「先」はこの時間的な前後関係を表しています（面白いことに「先ほど」は現在より前［過去］を、「この先」は現在より後［未来］を表しています）。

　ちなみに、この時間的な概念としての「先」が単独で使われる時は、強調された形で促音の「っ」が入り、「さっき」という語形になります。「さっき」は時間的な概念を示すもので、モノの先端を表すことはありません。

この「ところ」

　「先」と同じように、「ところ」という語も空間から時間へと意味が拡張した語です。もともと「住んでいるところ」や「ところ変われば」のように場所を表す名詞ですが、「このところ雨が多い」「今日のところは大目に見る」というような時間を表すこともあります。これらは慣用句（イディオム）的な表現であり、「この頃雨が多い」「今日は大目に見る」とほぼ同義です。慣用句ですので応用はききにくく、「あの頃」「その頃」の意味で「あのところ」や「そのところ」とは言えません。

68

第3章 パンツをはかない女性たち

　この他にも「前」「後」「後ろ」なども空間的概念から時間的概念へと意味範囲を広げた言葉です。いずれも空間的な「前、後ろ」から、時間的な「前、後」へと意味を広げています。このように、空間から時間への意味拡張は珍しくありません。面白いことに英語の before（前）、after（後）という語も、もともと空間的な意味（前、後ろ）で使われていたもの（A）が時間的な意味（前、後）（B）に拡張したようです。

　（A）空間
　　Mary stood before the king.（王様の前に立った）
　　John ran after the thief.（泥棒の後を追いかけた）
　（B）時間
　　Mary came before dinner.（夕食の前に来た）
　　John came after dinner.（夕食の後に来た）

「明後日」の方向

　「先」や「ところ」のように空間的概念が時間の概念に拡張する例は他の言語でもよく見られるようですが、逆方向の意味変化は比較的珍しいようです。その珍しい例として「明後日（あさって）」をあげることができます。今日、明日、明後日のように時間を表す語ですが、「明後日の方を向いている（＝見当違いの方を向いている）」のように、方向や方角を表す時にも使われます。時間的概念が空間的概念へと拡張した面白い例です。

　ちなみに、「明後日の方向」があるのであれば「今日の

69

方向」や「明日の方向」はどの方向を指すのかと問われ
そうですが、これらの表現は普通使われません。「この
ところ」という拡張表現と同じように、拡張した意味は
特定の表現（慣用句）にだけ出てくるようです。

place は広場？

　意味の拡張が起こるのも日本語の専売特許ではありま
せん。英語を例にとると、place, thing, picture などの
ごくありふれた語にも意味の拡張が起こっています。た
とえば place は今でこそ「場所」という広い意味を持つ
語ですが、本来は街の中の「広場」を意味していました
（現代英語で「広場」と言えば square という語が使われ
ています）。今でも market place（市の開かれる広場）と
いう表現に昔の意味が残っています。ちなみに、英語の
place はラテン語由来の単語（借用語）です。ラテン語
の子孫であるフランス語では Place de la Concorde（コン
コルド広場）のように、今でも place に古い意味が残っ
ています。

　「事、物」を意味する thing も意味拡張を起こした語で
す。現代英語ではもっとも一般的で、あいまいな意味を
持つ名詞ですが、古英語では「集会」、とりわけ「法律の
集会（法廷）」を表す語でした。それが裁判の「事件、問
題」を意味するようになり、さらに意味が広がって現在
の「事、物」を意味するようになったと考えられていま
す。この thing という語は英語の先祖にあたるゲルマン
語由来の語です。同じゲルマン語から発達した（つまり

英語の親戚にあたる）言語には「集会」という昔の意味が残っており、たとえばアイスランド語、ノルウェー語、デンマーク語では「国会」をそれぞれ Althing, Storting, Forketing と呼んでいます。

picture も意味が拡張した語です。この語は、もともと「絵、絵画」という意味を持っていました。その後、カメラの普及に伴って「写真」という意味にも使われるようになり、さらに映画（moving pictures, motion pictures, 活動写真）の発明によって「映画」の意味にも使われるようになりました（これは主にイギリスの用法で、アメリカでは movies と言います）。picture という一つの語が次図のように、左から右へと意味拡張を起こしてきたわけです。今でも a nice picture と言えば「素敵な絵画、素敵な写真、素敵な映画」という三つの意味を持っています。

図3：picture の意味拡張

3 洋服も着物

意味が広がる語があれば、その逆方向に変化する語もあります。日本語では「着物、車、妻、不倫」などの語が、英語では deer, meat, flesh, hound などがその代表的な例

です。

洋服も「着物」

「着物」という語は文字通り、「着る物」を意味する語でした。現代日本語の感覚では、ズボンやスカートのような洋服まで「着物」と呼ぶのは変な気がしますが、今でも「食べ物」や「飲み物」は「食べる物」「飲む物」を意味しますから、「着物」がもともと「着る物」を意味していても不思議ではありません。図4のように、衣服一般を指していたものが「和服」だけを意味するようになりました。

図4：「着物」の意味縮小

『広辞苑』にはこの順番に記載されています。

  きもの【着物】
  ①身体に着るもの。衣服。
  ②特に、洋服に対して、和服の称。

牛車も「車」

「車」という語もまた意味の縮小を起こしています。もともとは「車輪」を表していた語が、「車輪の付いた乗

り物」を指すようになりました。馬車や牛車（ぎっしゃ）、人力車などがその例です。現代ではさらに意味が縮小して、「自動車」を指すようになっています。

「妻」という語も、もともとは性別に関係なく、結婚している男女間で異性を呼ぶ時の言葉でした。今では女性だけを意味するようになり、「我が妻」と言えば男性が自分の配偶者を指す時に使う表現となっています。

同様に、「不倫」という語も「人倫（人の道）をはずれること」を意味する言葉ですが、近年では男女関係に特化して使われるようになり、「浮気」と同じような意味を持つようになっています。「紅葉（黄葉）する木の葉」を意味する「紅葉（もみじ）」という語も、カエデという特定の植物を指すことが多くなりました。その他、人間の生理現象を指す「生理」という語も、女性の生理現象（月経）を指すように意味が狭まってきています。いずれも「着物」や「車」と同じように意味が狭められてきた語です。

「着物」や「妻」のように、本来の意味が失われた語もあれば、「紅葉」や「生理」のように元の広い意味と新しい狭い意味が共存している語もあります。

「肉まん」と「ブタまん」

意味の縮小が特定の方言（地域）だけで起こっている例もあります。その代表的な例が「肉」という言葉で、関東のように牛肉、豚肉、鶏肉をすべて「肉」と呼ぶ地域もあれば、関西のように特に牛肉だけに「肉」という言葉を使う地域もあります（129-132頁参照）。関西ではニ

ク＝牛肉であり、豚肉はブタ、鶏肉はカシワ（もしくはトリ）と呼ぶのが普通です。コンビニなどで売られている「肉まん」は豚肉なので「ニクまん」と呼ぶことはできず、「ブタまん」と呼ばれています。

meat と flesh

意味の縮小は英語でも起こっています。たとえば deer（ディア）という語は今では「鹿」を意味しますが、元来は「動物」を意味していました。鹿だけでなく羊も牛も deer だったわけです。シェイクスピアの時代（1600年頃）にもこの古い意味が残っていたと言われています。

meat（ミート）という語も意味を狭めました。今では「肉」を表す語ですが、もともとは「食べ物」一般を表す語です。今でも meat and drink（食べ物と飲み物）や sweetmeats（スウイートミーツ）（砂糖菓子＝甘い食べ物）などの表現にかつての意味を残しています。meat の前に「肉」を表していたのは flesh（フレッシュ）という語ですが、この語は meat に押し出されるかのようにして「人肉」という意味を持つようになっています。

図５：meat と flesh の意味変化

meat	食べ物 → 肉	
flesh	肉 → 人肉	

この他にも、「犬」を意味していた hound（ハウンド）という語は、今では「猟犬」という意味に縮小しています。英語の兄

第3章　パンツをはかない女性たち

弟にあたるドイツ語では今でも犬のことを Hund と言い
ますが、ここでは元の意味を留めています。
　同様に英語の wife という語は「成人女性（woman）」
の意味から「既婚の成人女性」へと意味を狭めました。
昔の意味はfishwife（魚売り女）といった表現にかすかに
痕跡を残すだけです。
　meat や flesh, hound, wife などはすべて、現代英語に
古い意味がほとんど残っていない語で、日本語の「着物」
や「妻」と同類です。その一方で、古い意味を留めてい
る語もあります。たとえば man（人、男）という多義語
は、「人、人間」という広い意味から「男、特に成人男
性」という狭い意味に意味変化を起こしましたが、今で
も「人」という意味でも「男」という意味でも使われてい
ます。広い意味と狭い意味が共存しているという点では、
日本語の「紅葉」や「生理」と同類です。

「やばい」と「パンツ」のまとめ

　この章では「やばい」と「パンツ」の逸話を中心に、日
本語の中で言葉の意味が変わってきていることを見ま
した。「やばい」は意味が上昇した例、「パンツ」は意味
が拡大（拡張）した例でしたが、このような変化もま
た人間の言語では自然なものです。上昇と拡大の他に
も、「いい加減」や「適当」のように意味が下降すること
や、「不倫」や「紅葉」のように意味が縮小する変化もあ
ります。時代の流れとともに既存の単語が意味を変える
のは言語の変化としてはごく自然なものですが、変化の

75

第1部　中高年の悩み

過渡期には両方の意味が共存するため、世代間で誤解が生じる事態が出てきます。現代の「やばい」や「パンツ」は、そのような例の一つと言えます。

中高年にとって聞きなれない新語であれば、その語の意味を尋ねることが可能で、「子供や孫の言葉がわからない」程度のことで済むかもしれません。ところがこの章で紹介した意味の変化では、世代間の違いがより深刻なコミュニケーション障害を引き起こします。既に自分が知っている言葉に新しい別の意味が込められているわけですから、世代間で誤解が生じる可能性が大です。「パンツ」の逸話のように、笑い話で済めばまだいいのですが、ビジネスや医療の世界で同じような誤解が生じると大きな問題につながる心配があります。意味の変化は形の見えないものですので、十分な注意が必要です。

第4章　発音も変わる

第**4**章
発音も変わる

1 ふいんき

雰囲気は「ふいんき」か

　若者たちが「ふいんき」と言っているのをしばしば耳にします。「あの店はふいんきがいい」「ふいんきがもう一つ」といった感じです。明らかに「雰囲気」という意味で言っているのですが、「ふんいき」の「ん」と「い」が入れ替わって「ふいんき」となっています。

　以前、関西の国立大学で大学生100余名を対象に調査をしたところ、約70％の人たちが「ふんいき」よりも「ふいんき」と言うと回答し、また80％の人たちが「ふいんき」の方をより耳にすると答えていました。「ふいんき」は中高年話者にはなじみの薄い発音かもしれませんが、若者たちの中ではすっかり定着しているようです。もっとも「雰囲気」という漢字が書けなくなったわけではなく、上記の調査では97％の学生が正しく書いていました。発音に引かれて「不陰気」と書いた人も一部いましたが、ほとんどの回答者は「雰囲気」と書きながら「ふいんき」と発音しているのです。

　どうして「ふいんき」と発音するのか学生たちに問うと、「ふんいき」が正しい発音であることは知っているが、「ふいんき」の方が発音しやすいからと答えます。「何

77

第1部 中高年の悩み

となく言いやすいから」というのが一番多い答えでした。問題はこの「何となく言いやすい」という点にあります。これは単に感想を述べているだけですので、言語学的な説明にはなっていません。この問題を解くためには、「ふんいき→ふいんき」によって何が変わったのかを調べてみる必要があります。

「ふんいき」が「ふいんき」になる変化は、言語学で音位転換（metathesis, メタセシス）と呼ばれる現象です。これは一つの語や文の中で、ある音と別の音が入れ替わるもので、無意識の言い間違いなどにはよく見られる現象です（言い間違いでは「交換エラー」と呼ばれています）。

（A）テコンドー → コテンドー
　　　おたまじゃくし → おじゃまたくし
　　　エレベーター → エベレーター
　　　てっきんコンクリート（鉄筋コンクリート）
　　　　→ こっきんテンクリート
　　　きる　ふくがない（着る服がない）
　　　　→ ふる　きくがない
　　　いんを ふむ（韻を踏む）→ ふんを いむ

（B）のれんに　うでおし（暖簾に腕押し）
　　　　→ うでんに　のれおし
　　　先日せいきょ（逝去）された藤田まことさん
　　　　→ 先日きょせい（去勢？）された藤田まことさん

78

第 4 章　発音も変わる

　文レベルの交換エラーでは、ある単語と別の単語がまるごと入れ替わることもあります。

　ごみが目に入った　→　目がごみに入った
　あんた、人は顔じゃないよ
　　→　あんた、顔は人じゃないよ

　日本語の言い間違いでは（A）の例のように音がモーラ単位で交代する（つまり、仮名 1 文字の音が別の仮名 1 文字分の音と入れ替わる）ことが一般的ですが、「ふんいき→ふいんき」のように「い」と「ん」が入れ替わることはまれです。「雰囲気」の「い」は自立拍（語頭に出てくることができる音）であるのに対し、「ん」は特殊拍と呼ばれ、語頭に出てくることはできません。この性格の違う音同士が入れ替わることはまれなのです。「テコンドー」の例では「て」と「こ」が、「おたまじゃくし」の例では「た」と「じゃ」が入れ替わっていますが、このような自立拍同士の交代が日本語では一般的です。
　歴史的に確立した変化においても、特殊拍が自立拍と交代することはまれです。以下の代表的な例でも自立拍同士が入れ替わっています。

　あらたし（新たし）　→　あたらし
　あきばはら（秋葉原）　→　あきはばら
　したつづみ（舌鼓）　→　したづつみ

第1部　中高年の悩み

「山茶花」

　では「ふんいき→ふいんき」のような異質な音同士の交代が他にないかというと、そういうわけでもありません。「雰囲気」の先輩格として「山茶花」の例があります。「山茶花」は読んで字のごとく「さんざか（〜さんさか）」という発音でしたが、これが「さざんか」という発音になりました。「雰囲気」と同じように、特殊拍の「ん」が後続する自立拍と入れ替わっています。この変化は既に市民権を得ており、辞書にも「さざんか」で出てきます。逆に「さんざか」を引くと「さざんか（山茶花）に同じ」とだけ書いてあります。

　　さんざか（山茶花）　→　さざんか

　では、「ん」が自立拍と交代すると何が変わるかというと、語全体の音節構造が変わってしまいます。「音節」という用語は、かつてはモーラや拍と同義に使われ、日本語の仮名文字に対応する音を表す語として使われていました。「ん」も「ふ」や「さ」と同じように「音節」と呼ばれていたのです。しかし現在の言語（日本語）研究では「音節」は英語のシラブル（syllable）の訳語として使われており、「ん」のような特殊拍は独立した音節を成さない要素と理解されています。この定義に従って「山茶花」と「雰囲気」を分析してみると、問題の変化は次のようになります（・は音節の切れ目を表します）。

80

山茶花　　さん・ざ・か → さ・ざん・か
雲囲気　　ふん・い・き → ふ・いん・き

「さん」や「ざん」のような２モーラ（自立拍＋特殊拍）から成る音節を長音節、「さ」や「ざ」のように一つの自立拍から成る語を短音節と呼ぶと、「山茶花」と「雲囲気」は次の変化を経たことになります（長は長音節、短は短音節を意味します）。

さん・ざ・か〔長短短〕 → さ・ざん・か〔短長短〕
ふん・い・き〔長短短〕 → ふ・いん・き〔短長短〕

ともに〔長短短〕が〔短長短〕に変わっていますが、これが若者たちの「何となく言いやすい」という感覚と結び付くのでしょうか。これを解く手がかりは赤ちゃん言葉にあります。

マンマとウンチ

　赤ちゃん言葉とは、言語獲得期にある子供が話す子供特有の語彙で、主に母親と幼児の間で使われることから幼児語あるいは母親言葉（英語で motherese、すなわち母親語）とも呼ばれています。ご飯（食事）のことをマンマ、抱くことをダッコ、小便のことをシッコ（あるいはオシッコ）、大便のことをウンチ（あるいはウンコ）と呼ぶ、このタイプの語彙を指します。

　日本語の赤ちゃん言葉には（A）のように擬音語や擬

81

第1部 中高年の悩み

声語などのオノマトペから出てきたものと、（B）のように大人の言葉が元になったものの2種類があります。

(A) ワンワン（犬）、ブーブー（車、豚）、コンコン（咳、キツネ）、ポンポン（お腹）、シッコ（小便）、ウンチ（大便）

(B) ハイハイ（這うこと）、ナイナイ（終わること、片付けること）、オンブ（負ぶうこと）、ネンネ（寝ること）、アンヨ（足）、ポッケ（ポケット）、ダッコ（抱くこと）、クック（靴）、バーバ（おばあちゃん）、ジージ（おじいちゃん）

　赤ちゃん言葉はこのような語源の違いを超えて、特有の音韻構造を持っていることが知られています。具体的には、〔長長〕という構造と〔長短〕という構造にほぼ限定されるようです。この特徴は（B）のタイプの赤ちゃん言葉を、その元となった大人の言葉と比較するとよくわかります。大人の言葉には短音節が多いのですが、赤ちゃん言葉には長音節が多く、ほぼ〔長長〕と〔長短〕の構造に制限されているのです（「這う」の〔au〕は日本語では同じ音節に収まりません）。

大人の言葉　　　　　　赤ちゃん言葉

這・う〔短短〕　　　　ハイ・ハイ〔長長〕

無い〔長〕　　　　　　ナイ・ナイ〔長長〕

負・ぶ・う〔短短短〕　オン・ブ〔長短〕

第4章　発音も変わる

寝・る〔短短〕	ネン・ネ〔長短〕
あ・し〔短短〕	アン・ヨ〔長短〕
ポ・ケッ・ト〔短長短〕	ポッ・ケ〔長短〕
抱・く〔短短〕	ダッ・コ〔長短〕
く・つ〔短短〕	クッ・ク〔長短〕
ば・ば〔短短〕	バー・バ〔長短〕
じ・じ〔短短〕	ジー・ジ〔長短〕

　〔長長〕と〔長短〕の二つの構造の中でも、特に赤ちゃん言葉に多いのが〔長短〕という構造で、これは語末から数えると〔…長短〕という構造を持っています。赤ちゃん言葉は日本語でも英語*4でも2音節の長さが基本ですので、〔…長短〕の語末2音節は〔長短〕という構造になります。この構造こそが、「山茶花」と「雰囲気」の新しい発音に見られる構造〔短長短〕と同じものです。

　ちなみに「はは（母）」と「ちち（父）」から出てきた「ばば」と「じじ」にはバ・バー、ジ・ジーという〔短長〕構造の語彙もありますが、これは赤ちゃん言葉には出てきません。赤ちゃんにとって発音しやすいのは〔長短〕のバー・バ、ジー・ジであり、〔短長〕という逆の構造は発音しにくいのです。バ・バーやジ・ジーは大人の侮蔑語であり、純真な赤ちゃんたちには作り出せない構造なのです。

───────────────────

＊4　英語の赤ちゃん言葉にpeepee（オシッコ）, poopoo（ウンチ）, tummy（お腹、ポンポン）, birdie（鳥）, kitty（猫、ニャンコ）, telly（電話、テレビ）などがあります。

83

第1部　中高年の悩み

サッちゃん

　幼い子供が〔長短〕と〔長長〕を好む傾向は、子供向けの歌にも現れています。たとえば「サッちゃん」という歌では、サチコという名前の子供が自分のことを「さ・ち・こ〔短短短〕」と言えずに、「サッ・ちゃん〔長長〕」と呼んでいると歌われています。幼い子供にとって〔短短短〕の構造よりも〔長長〕の方が発音しやすいのです。

　「サッちゃん」　　　　　　　（阪田寛夫作詞、大中恩作曲）
　サッちゃんはね　サチコっていうんだ　ほんとはね
　だけど　ちっちゃいから　自分のこと　サッちゃんって呼ぶんだよ
　おかしいな　サッちゃん

三つの詩歌

　幼い子供が〔長短〕と〔長長〕の構造を好むことがわかりましたが、面白いことに、これらの構造は日本語の基本的なリズム構造を表したもので、さまざまな現象において作り出される構造でもあります。たとえば発音の変化を見てみると、「詩歌、富貴、夫婦、杜氏」などの語は、1文字ずつ読むとシ・カ、フ・キ、フ・フ、ト・ジという〔短短〕の構造を持っていますが、実際には最初の母音を伸ばしてシー・カ、フー・キ、フー・フ、トー・ジという〔長短〕の構造で発音されます。

　数字の「三つ」「四つ」「六つ」「八つ」も、もともとはミ・ツ、ヨ・ツ、ム・ツ、ヤ・ツという〔短短〕の構造

でしたが、促音の「っ」が入ることによって〔長短〕(ミッ・ツ、ヨッ・ツ、ムッ・ツ、ヤッ・ツ)という構造になりました。「先」という語も、空間を表す時はサ・キですが(たとえば「この先を曲がる」)、時間を表す概念に転じるとしばしば促音が入ってサッ・キとなります(たとえば「さっき会った」)。

「皆」という語は撥音の「ん」が入って、ミ・ナ〔短短〕からミン・ナ〔長短〕へと変化してきています。「ん」が入る現象は、「夫婦」や「詩歌」などの語で母音が伸びる現象や、「三つ」「四つ」に「っ」が入る現象と同じで、音節構造を〔短〕から〔長〕に変える働きを果たしています。語全体としては〔短短〕が〔長短〕に変わる変化です。「女」(オミナ→オンナ)のように〔短短短〕から転じて〔長短〕となった例も、結果的に同じリズム構造を作り出しています。

女房子供

〔短長〕の構造は〔短短〕よりさらに厳しい制限を受け、ニョ・ボー〔短長〕であるはずの「女房」という語は最初の母音が伸びてニョー・ボー〔長長〕となり、最近ではニョー・ボ〔長短〕へと変化しつつあります。先日亡くなった歌手かまやつひろし(ムッシュかまやつ)の代表作「我が良き友よ」(吉田拓郎作詞・作曲)でも、ニョー・ボという〔長短〕の構造で歌われています。

　女房、子供に手を焼きながらも生きている

85

第1部　中高年の悩み

　「女房」を3通りに発音してみると、〔長短〕が発音し
やすいことが実感できます。

　　女房　　ニョ・ボー〔短長〕
　　　　　　ニョー・ボー〔長長〕
　　　　　　ニョー・ボ〔長短〕

　ちなみに、パソコンで「にょうぼ」と入力しても「尿
簿」などと誤変換します。まだ「女房」は出てこないよ
うです。辞書の方はこれより一歩先んじているようで、
『広辞苑』（第六版）でも『大辞林』（第三版）でも「にょう
ぼ【女房】」という項目があり、「⇒にょうぼう」と記され
ています。
　「女王」も音節構造を変えつつある語です。「男女」の
「女」と同じく、ジョ・オー〔短長〕というのが本来の発
音なのですが、多くの人が最初の母音を伸ばしてジョ
ー・オー〔長長〕と発音しているようです。講義や講演
の際に聞いてみると、ジョ・オーと発音しているつもり
の人が約半数、ジョー・オーと伸ばして発音しているつ
もりの人が残りの半数と、二つの発音がほぼ拮抗してい
ます。ジョ・オーだと言う人に実際に発音してもらうと、
ジョー・オーのように聞こえることがしばしばです。以
前はワープロで「じょうおう」と入力すると「女王」では
なく「貞応」や「承応」という漢字しか出てきませんでし
たが、最近では「じょおう」でも「じょうおう」でも「女

86

王」が出てきます。ジョーオーという新しい発音が認知されてきていることをうかがわせます。

　もっとも辞書ではまだ完全には認知されていないようで、『広辞苑』では第五版（1998年）までは「じょうおう【女王】」の項目はなく、第六版（2008年）になってようやく独立した項目となりました。独立した項目といっても、まだ「⇒じょおう」と指示されているだけです。『大辞林』（第三版）にも「じょうおう」という項目はありますが、「⇒じょおう【女王】」となっています。まだ「じょおう」と同格ではないことがわかります。

みなしごハッチ

　〔長短〕の構造を好む傾向は、ある語から別の語が作られる造語過程にもよく見られます。たとえばアニメ『みなしごハッチ』の「ハッ・チ」は「蜂（ハチ）」という〔短短〕の構造から作られています。黒柳徹子の自叙伝『窓ぎわのトットちゃん』（講談社、1981年）の「トッ・ト」も「て・つ・こ」という〔短短短〕の構造から〔長短〕が作り出された例です。プロ野球の柳田悠岐選手（福岡ソフトバンクホークス）のニックネーム「ギータ」も姓の末尾（ギタ）から〔長短〕の構造を作り出しています。

　「巾着」から作られた「チャック」という略語も同じ変化を経ています。ここでも「ちゃく」という〔短短〕の構造から「チャッ・ク」という〔長短〕の構造が作り出されています。ちなみに、この語はカタカナで表記されることが多いために外来語だと思われがちですが、れっ

87

第1部　中高年の悩み

きとした日本語です。これに対し、類義語の「ジッパー（zipper）」や「ファスナー（fastener）」は英語から入ってきた外来語です。

「ローテ」と「ロケ」

「チャック」という語は略語だと述べましたが、〔短長〕の構造を嫌い〔長短〕の構造を好む傾向は、外来語の短縮過程により明確な形で現れます。

外来語の短縮形には「テレビ（ジョン）」や「アニメ（ーション）」のような3モーラ形が珍しくありませんが、「デモンストレーション」「ロケーション」「ギャランティー」が「デ・モン」「ロ・ケー」「ギャ・ラン」のような〔短長〕の2音節構造に略されることはありません。〔短長〕の構造が生じそうな場合には語頭から2モーラ目までをとって、〔短短〕という短縮形（デ・モ、ロ・ケ、ギャ・ラ）を作り出します。これに対し、〔長短〕という短縮形は自由に生じ、「ローテーション」「パーマネントウェーブ」「パンフレット」「ドンキホーテ」はそれぞれ「ロー・テ」「パー・マ」「パン・フ」「ドン・キ」と短縮されます。両者の違いは「ローテーション」と「ロケーション」を比較してみると明確です。

　　ローテ（ーション）
　　ロケ（ーション）

「パンツ」と「ツンパ」

　造語法といえば、ズージャ語と呼ばれる逆さ言葉にも〔長長〕と〔長短〕を好む強い傾向が見られます。先に述べたように（47-49頁）、ズージャ語は「ピアノ→ヤノピ」や「抜群→グンバツ」のように単語の最後と最初を入れ替えて逆さ言葉を作り出す言葉遊びで、ジャズ音楽家の間の隠語として発達したものです。

　この造語法でも〔長短〕という形は出てきますが、〔短長〕という形は出てきません。「う・まい→マイ・ウ」や「ご・めん→メン・ゴ」のように、〔短長〕の語をひっくり返して〔長短〕の構造を作り出すことはあっても、〔長短〕の語をひっくり返して〔短長〕の構造を作り出すことは原則としてありません。たとえば「パン・ツ」という語をズージャ語にすると、「ツ・パン」とはならず、「ツン・パ」という〔長短〕の語が出てきます。ここでは前半と後半を入れ替えるという操作の代わりに、モーラ単位で逆読みするという例外的な方法がとられます。この例外の背景にあるのが、〔短長〕の構造（「ジ・ジー」や「バ・バー」の構造）を避けようとする力です。

　もっとも〔短長〕が絶対にダメかというとそういうわけではなく、〔長短〕構造を持つ「ぎん・ざ（銀座）」をズージャ語にすると「ザ・ギン」という〔短長〕の語が作り出されます。これは入力の「銀座」が意味的に「銀」と「座」の2要素からできているためです。「パンツ」はどこにも意味の切れ目がありませんが、「銀座」は「銀＋座」という構造を持っています。このように意味の切れ

第1部　中高年の悩み

目がある場合には、その境界を重視して2要素を交換しようとします（「森＋田」が「タモリ」になるのと同じです）。「銀座」が例外的に「ザ・ギン」という〔短長〕の構造を作り出すのは、意味的な構造を保とうとする力の方が、〔短長〕という発音構造を避けようとする力よりも強く働いていることによります。

魔人ブウとウーブ

　ズージャ語では〔短長〕を嫌うだけでなく、〔長短〕という構造を積極的に作り出そうとします。たとえば「ジャズ」や「キー」のような2モーラの構造から、「ズ・ジャ」や「イ・キ」という〔短短〕の構造ではなく、「ズー・ジャ」「イー・キ」という〔長短〕の構造が作り出されます。前半と後半を入れ替えるという操作に、前の母音を伸ばすという操作が加わるのです。これは赤ちゃん言葉において「バ・バ」や「ジ・ジ」が「バー・バ」「ジー・ジ」に変わる現象と同じです。また歴史的な音変化において「シ・カ」や「フ・フ」が「シー・カ」（詩歌）、「フー・フ」（夫婦）となる現象とも同じです。

　　ジャ・ズ〔短短〕　→　ズー・ジャ〔長短〕
　　キー〔長〕　→　イー・キ〔長短〕

　同じ現象が漫画『ドラゴンボール』のキャラクターにも出てきます。この漫画には、魔導師バビディが復活させた魔人「ブウ」と主人公の孫悟空たちが戦う話があり

ますが、その「ブウ」の中から善人の部分が生まれ変わって誕生するのが「ウーブ」という少年です。ここで使われているのもズージャ語で、「ブ・ウ」〔長〕から「ウ・ブ」〔短短〕や「ウ・ブー」〔短長〕ではなく「ウー・ブ」〔長短〕という構造が作り出されています。この〔長短〕の構造が赤ちゃん言葉や各種造語法と一致する構造であり、また本節のテーマである「さん・ざ・か→さ・ざん・か」や「ふん・い・き→ふ・いん・き」という発音の変化に見られる語末の〔長短〕構造と一致します。

のどぬーる

　語末に〔長短〕という構造を作り出そうとする力は、商品のネーミングにもしばしば現れています。たとえば小林製薬の製品には語末に〔長短〕の構造を持つ名前が多数登場します。「ぬ・る」「な・る」「と・る」といった〔短短〕の語を〔長短〕にして発音しやすい構造を作り出そうとしているのです。

　　のどぬーる（喉に塗る）
　　ハレナース（のどの腫れを治す）
　　カロナール（痛みが軽くなる）
　　しみとりーな（肌のシミを取る）
　　ナイシトール（内脂肪？を取る）

かっとばせえ阿部！

　〔短短〕を〔長短〕に変える現象は野球の声援にも見ら

れます。プロ野球ではよく「かっとばせえ、イチロー、
ピッチャー倒せよ！」という応援音頭が用いられますが、
選手名が「阿部、矢野、嶋」といった2モーラの長さの場
合、実際に出てくるのはア・ベ、ヤ・ノ、シ・マという
〔短短〕の構造でも、ア・ベー、ヤ・ノー、シ・マーとい
う〔短長〕の構造でもなく、アー・ベ、ヤー・ノ、シー・
マという〔長短〕の構造です。「かっとばせえ、アーベ」
ならホームランが期待できますが、「かっとばせえ、ア
ベー」という声援ではピッチャーゴロに終わりそうです。
ここでも後ろの母音ではなく前の母音を伸ばすことによ
って、〔長短〕という構造が作り出されています。

　　あ・べ（阿部）→ アー・ベ
　　や・の（矢野）→ ヤー・ノ
　　し・ま（嶋）→ シー・マ

ピクニック

　最後に、外国語が日本語に入ってくる過程を見てみま
しょう。日本語に入る時に起こる音声現象に促音「っ」
の挿入があります。たとえば、hitはヒット、dogはドッ
グ、bookはブックというように、語末の直前に「っ」が
入ります。促音はもともと英語に入っているものではな
く、日本語話者が英語の発音を聞いて感じるものです。
その証拠に、heatやMikeはヒート、マイクとなるだけで、
促音が入った形（ヒーット、マイック）にはなりません。
長母音や二重母音の後ろでは日本人は促音を感じないの

第 4 章　発音も変わる

です。

　日本語話者が英語の発音に促音を感じるか否かはさまざまな条件によって決まりますが、そのほとんどが日本語の側の問題、つまり日本語の構造を反映しています。たとえば heat や Mike がヒー・ット、マイ・ックと聞こえないのは、長母音や二重母音と促音が連続しないという構造制約があるためです。

　この点を踏まえた上で hit, dog, book に戻ると、これらの語がヒ・ト、ド・グ、ブ・クという〔短短〕の構造とはならずに、ヒット、ドッグ、ブックという〔長短〕の構造を作り出している点は、これまでに見てきた赤ちゃん言葉や略語などの現象と全く同じものと言えます。日本語には「人（ヒ・ト）」のような〔短短〕の語は多数ありますから、けっして〔短短〕という構造が禁止されているわけではありません。にもかかわらず、日本語話者がhit や dog という英語を聞いて促音を感じるのは、日本語（話者）に〔長短〕という構造を聞き取ろうとする力が働いているからです。

　ここで面白いことに、この促音挿入の現象は語のどの位置でも起こるものではありません。たとえば picnic［piknik］という単語は、英語では［pik］と［nik］という二つの音節からできています。pick と Nick という独立した語であればピックやニックというように促音が入るのですが、picnic という 1 語になるとピックニクやピックニックではなくピクニックという語形が出てきます。

93

第1部　中高年の悩み

picnic　　○ピ・ク・ニッ・ク〔短短長短〕

　　　　　×ピッ・ク・ニ・ク〔長短短短〕

　　　　　×ピッ・ク・ニッ・ク〔長短長短〕

　促音挿入に何も位置制限がないのであれば、ピッ・ク・ニ・ク〔長短短短〕やピッ・ク・ニッ・ク〔長短長短〕という語形が出てきてもおかしくないはずです。ピ・ク・ニッ・ク〔短短長短〕だけが選ばれるということは、「語末に〔長短〕を作る」という力が働いていることを意味しています。外来語における促音挿入はリズムをよくするために起こる現象だと考えられていますので、このpicnicの例は、語末の〔長短〕こそが日本語において良いリズム構造であることを示唆しています。

　もちろん、この位置効果はpicnicという語だけに見られるものではありません。dockがドックとなるのにdoctorがドックターとならないのも、あるいはNickがニックになるのにNixonがニックソンとはならないのも、同じ位置制限によるものです。外来語の促音挿入現象から、日本語が語末に〔長短〕という構造を作り出すことを目指していることがわかります。

英語の「ナガサーキ」

　ところで、語末に〔長短〕を作り出そうとする力は日本語だけに見られるものではありません。英語をはじめとする多くの言語は、語末から二つ目の音節にアクセントを置こうとし、その音節を長く発音する傾向がありま

94

す（窪薗晴夫『アクセントの法則』岩波書店、2006年）。英語のこの規則はラテン語から借用したもので、英語でもラテン語でも、語末から二つ目の音節をターゲットにしてアクセントを置き、この音節の母音を伸ばして発音します。

ラテン語	fortūna（フォルトゥーナ＝幸運）
	Rōmānus（ローマーヌス＝ローマ人）
英　　語	banána（バナーナ＝バナナ）
	Obáma（オバーマ＝オバマ［前大統領］）
	Arizóna（アリゾーナ＝アリゾナ州）
	Alabáma（アラバーマ＝アラバマ州）

　この英語の規則がよく現れるのは、英語話者が日本語の地名や人名を発音する時です。英語の中で発音する時も、日本語として発音する場合にも、後ろから二つ目の音節にアクセントを置き、その母音を伸ばして発音します。

Nagasáki	ナガ**サーキ**
Kanazáwa	カナ**ザー**ワ
Nagáno	ナ**ガー**ノ
Yamamóto	ヤマ**モート**
Ayanokóji	アヤノ**コー**ジ

　このように英語の話者もまた語末に〔長短〕という構造を作り出そうとします。これは日本語の赤ちゃんが

バ・バをバー・バ、ジ・ジ（ヂ・ヂ）をジー・ジと言うの
と同じです。また日本語の歴史の中で「詩歌」や「富貴」
がシ・カ、フ・キからシー・カ、フー・キへと発音を変
えた現象にも通じます。ズージャ語という造語法におい
てブウがウー・ブとなるのも、野球の声援において「阿
部」が（かっとばせえ）アー・べと発音されるのも同じで
す。さらには英語の picnic という語を日本人がピ・ク・
ニッ・クという語形で日本語に定着させたのも同じ現象
です。いずれの現象でも、語末の2音節を〔長短〕とい
う構造にすることによって、語全体のリズムを整え、発
音しやすくしているのです。

「さざんか」と「ふいんき」

　話が長くなりましたが、ここでこの節のテーマであっ
た「雰囲気」に話を戻します。雰囲気をフンイキではな
くフインキと発音するのは、かつてサンザカ（山茶花）
と呼ばれていたものがサザンカと呼ばれるようになった
ことと同じだと述べました。これを音節に注目して分析
すると次のようになりますが、ここで重要なのは語末に
〔長短〕という構造が作り出されている点です。

　　サン・ザ・カ〔長短短〕→ サ・ザン・カ〔短**長短**〕
　　フン・イ・キ〔長短短〕→ フ・イン・キ〔短**長短**〕

　この語末の〔長短〕という構造こそが、赤ちゃん言葉
や音変化、外来語短縮やズージャ語などの造語法、キャ

ラクターや商品の命名、野球の声援、外来語の促音といった日本語の諸現象で作り出される構造と一致するのです。

赤ちゃん言葉	バ・バ → バー・バ
	ク・ツ → クッ・ク
音変化	シ・カ → シー・カ（詩歌）
	フ・キ → フー・キ（富貴）
	ニョ・ボー → ニョー・ボー
	→ ニョー・ボ（女房）
略語	ローテーション → ロー・テ
	キン・チャ・ク（巾着）→ チャッ・ク
ズージャ語	ジャ・ズ → ズー・ジャ
	（魔人）ブウ → ウー・ブ
命名	ハ・チ →（みなしご）ハッ・チ
	軽くなる → カ・ロ・ナー・ル
野球の声援	ア・ベ（阿部）→ アー・ベ
外来語の促音	picnic → ピ・ク・ニッ・ク

　語末の〔長短〕という構造は日本語の基本的なリズムであり、日本語は種々の現象においてこのリズミカルな構造を作り出そうとします。若者たちが「フ̇ン̇イキよりフ̇イ̇ンキの方が何となく発音しやすい」と感じるその背景には、このリズム感覚が働いていると考えられます。

第1部　中高年の悩み

2 金メダルと銀メダル

金か銀か

　人間の聴覚は加齢によって衰えてきます。高い周波数
の音が聞こえにくくなるというのがその典型的な例で、
年齢によって聞き取れる周波数が異なってくるようです。
最近では中高年には聞こえない高周波数の音を流して、
夜中に若者たちがコンビニなどの周辺にたむろするのを
阻止しているという話まで聞きます。

　周波数の問題だけでなく、人間の聴覚は加齢とともに
徐々に衰えてきます。いつの頃からか人の声が聞きづら
くなる、知らないうちにテレビのボリュームが大きくな
る、あるいは人の発言が聞き取れなくて聞き返すことが
多くなるといったことは、人の名前が出てこないといっ
た問題と同じように、中高年の人であれば誰しも経験す
ることに違いありません。これらは基本的に加齢に伴う
聴覚の衰えによるものであり、抗えないことかもしれま
せん。これに対し、日本語の変化が原因ではないかと思
われる現象も出てきています。

　オリンピックの放送を聞いていて、「銀メダル」を「金
メダル」と聞き間違えることが何回もありました。清音
（キ）と濁音（ギ）の聞き分けです。2012年のロンドン・
オリンピックでも2016年のリオ・オリンピックでもそう
でした。「今日は日本選手が金メダルを3個獲得」とい
う深夜のラジオニュースを聞いて喜んでいると、後から
「銀メダル3個」だということに気がつくのです。テレ

98

ビなら字幕を見て金メダルではないことに驚きます。ラジオの場合にはすぐにはわからず、翌朝の新聞で「銀メダル」という文字を見て大いに落胆します。面白いことに「銀」を「金」と聞き間違えることはあっても、「金」を「銀」と聞き間違えることはありません。いつも濁音（ギ）から清音（キ）へという一方向の聞き間違いなのです。同様に「時刻」という語もチコクと聞こえます。語頭のジ（ヂ）という濁音が、しばしばチという清音に聞こえるのです。

　これらもまた老化現象の一つと思われがちですが、必ずしもそうではなさそうです。濁音に関する最近の音声研究を読むと、日本語自体に変化が起こっていることがわかります。

　高田三枝子著『日本語の語頭閉鎖音の研究』（くろしお出版、2011年）は、世代別、地域別に日本語の語頭に出てくる閉鎖音（カ行、タ行、パ行、ガ行、ダ行、バ行の子音）の音声的特徴を調べた研究ですが、そこには世代によって語頭の濁音（ガ行、ダ行、バ行の音）の特徴が変化してきていることが報告されています。具体的には、語頭の濁音が徐々に濁音（有声）の特徴を失い、無声音の方向へ変化してきているというのです。

　高田はこの現象を「半有声音化」という概念で捉えようとしていますが、ここに見られるのはガ行、ダ行、バ行の音が徐々にカ行、タ行、パ行の音に近づいてきているという現象です（バ行音に対応する無声の音は、喉の奥などで発音されるハ行音ではなく、同じ唇で発音され

るパ行音です）。

　半有声音化はガがカ、ダがタ、バがパの方向に変化する現象ですので、若い世代のガ行音が中高年層にはカ行音に聞こえたとしても無理はありません。ギン（銀）がキン（金）と聞こえるというのも、この現象の一つとして捉えることが可能になります。ジコク／ヂコク（時刻）がチコクと聞こえるのも同様です。単なる耳の錯覚や老化現象ではなく、日本語の発音自体が変化してきていることによって生じる聞き間違いである可能性が大きいと思われます。

語頭の濁音

　日本語では語頭の濁音が徐々に清音に近づいてきていると述べましたが、実は語頭に濁音が出てくるのは人間の言語では自然なことではありません。日本語の濁音は上で述べたガ行、ダ行、バ行にザ行を加えた４種類の音ですが、これらはもともと日本語では語頭に立たない音でした。現代日本語では、昔の中国語から入ってきた漢語（たとえば学校のガク、脱退のダツ、晩のバン、全部のゼン）や西洋語から入った外来語（たとえばガム、ダム、バンク、ゼリー）には語頭の濁音がよく出てくるものの、日本語本来の言葉である和語（大和言葉）にはあまり出てきません。あまりと言ったのは、語頭音が落ちたために語中の濁音が語頭に出てきた例などがあるからです。

100

第4章　発音も変わる

```
ばら  ＜  いばら（薔薇）
だく  ＜  いだく（抱く）
でる  ＜  いづ（出る）
どれ  ＜  いづれ
どこ  ＜  いづこ
```

　語頭はもともと濁音が出てくる場所ではなかったた
め、無理やりこの位置に濁音を置くと悪い意味が出てき
ます。「ざまを見ろ」「そのざまは何だ」のザマ（様）がそ
の例です。語頭のザマには、サマにはない悪いニュアン
スが含まれています。料理の時に出てくるダマ（玉）
も、小麦粉などの粉がうまく混ざっていない様子を指し
ます。「玉」をダマと濁らせることで、好ましくない状態
であることを表しているのです。同様に、「振れる」に
対する「ぶれる」という語も悪いニュアンスを表してい
ます。さらに「さらさら（している）」「するする（滑る）」
「たらたら（汗が流れる）」という擬態語に対する「ざら
ざら」「ずるずる」「だらだら」という語も、語頭の濁音が
悪いニュアンスを表している例です。いずれにおいても、
「濁音は語頭に立つことができない」という日本語（和
語）のルールを破ったことで、悪い意味が出てきている
のです。ボケ、ズボ、ダボ、デブ、バカといった侮蔑語
もまた、語頭に濁音を持っています。
　このように語頭の濁音が悪い意味を持ってくるのは和
語の特徴です。中国語から借用された単語（漢語）や西
洋の言語から入った単語（外来語）では、ごく普通に濁

101

第1部　中高年の悩み

音が語頭に起こります。人名でも後藤や権藤、ジョーン
ズ、ブラウン、デービスのように、濁音で始まる名前は
数多くありますが、これらの語が悪い意味を持っている
わけではありません。

濁音の特殊性

　ここまであげてきたのは語頭の濁音の例ですが、実は
語頭だけでなく単語のどの位置でも、清音に比べると濁
音そのものが自然性に欠ける音です。たとえば赤ちゃん
の言語発達では、濁音よりも清音を先に獲得することが
知られています。歴史的に見ても、濁音は清音よりも後
から出てきた音です。このことは日本語の仮名文字を見
ればすぐにわかります。「が」という文字は「か」という
文字に、濁点という余計な記号（声帯が振動している
ことを表す記号）が付いたものです。赤ちゃんはカという
音を前提にしてガという音を獲得し、また日本語には
「か」という文字を前提に「が」という文字が存在してい
ることがわかります。

　濁音が清音よりも特殊だということは、別に日本語だ
けの特徴ではありません。世界中の言語において、濁音
は清音を前提にして生起し、また赤ちゃんは清音を獲得
してから濁音を獲得すると言われています。英語の歴史
を見ても、もともと［f］の音しかなかったところに［v］
という有声摩擦音（濁音）が発生しています。常に、濁
音は清音の存在を前提にして生じているのです。

　このように見てみると、現代の中国語や韓国語に清音

102

しかないという事情も何ら特殊なものではないことがわかります。中国語話者や韓国語話者が話す日本語では清音と濁音の区別があいまいで、特に語頭の濁音が苦手だと言われています。次の例からもわかるように、語頭に立ちにくい濁音を清音に置き換える傾向が顕著です（語頭のジがチで代用されるのは、日本語では語頭のジが実際にはヂ［dʒi］と発音されていることによります）。

ダメ → タメ（駄目）
ダイトウリョウ → タイトウリョウ（大統領）
ジカン → チカン（時間）
ジブン → チブン（自分）
ジンセイ → チンセイ（人生）
ガッコウ → カッコウ（学校）

　現在の中国語や韓国語には清音と濁音の区別がないために、このような間違った発音が出てきてしまうのですが、その背景には、人間の言語において濁音が特殊であり、とりわけ語頭には立ちにくいという一般的な法則が存在しています。

第1部　中高年の悩み

コラム**1**　かぐや姫の粗い髪

　最近の歌謡曲は歌詞が聞き取れないという不満をよく耳にします。演歌はともかくも、若い歌手たちが歌うのを聞いて、何と言っているのか、歌詞が聞き取れないというコメントです。若い歌手だけでなく桑田佳祐（サザンオールスターズ）や桜井和寿（Mr. Children, ミスチル）といった中年歌手の歌も、メロディーだけが耳に入ってきて、日本語が聞き取れないことが珍しくありません。テンポの問題なのか、歌唱力の問題なのか、1960年代や1970年代を風靡した昔の歌謡曲とは違いを感じます。字幕なしでは歌詞が聞き取れないという中高年も多いかと思われます。

　これとは別の問題として、声は聞き取れるのに、歌詞を聞き間違ってしまうということもよくあります。一昔前の歌では南こうせつとかぐや姫が歌った「神田川」（喜多条忠作詞、南こうせつ作曲）がその1例です。

　　貴方は もう忘れたかしら
　　赤い手拭 マフラーにして
　　二人で行った 横町の風呂屋
　　一緒に出ようねって 言ったのに
　　いつも私が待たされた
　　洗い髪が芯まで冷えて
　　小さな石鹸 カタカタ鳴った
　　貴方は私の 体を抱いて

104

冷たいねって 言ったのよ
若かったあの頃 何も怖くなかった
ただ貴方のやさしさが 怖かった

　この歌の途中に、「洗い髪が芯まで冷えて」という1節がありますが、この「洗い髪」を「粗い髪」だと思って歌っていたという人がいます。カラオケに行って「洗い髪」という漢字を見て驚いたという逸話です。たしかに風呂上がりの冷えた髪と「粗い髪」はミスマッチですが、このようなミスマッチにもかかわらず「粗い髪」と信じ込んでしまったのには言語学的な理由があります。

　このフレーズのメロディーは「ファミレ、レレ˙ド˙」となっており、「あらい」でいったん下がったピッチ（音の高さ）が「髪が」の途中で一挙に上がります。これは「多い髪が」という時のアクセントパターンによく似たメロディーです。

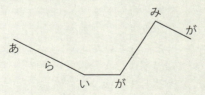

　話し言葉では、いったん下がったピッチがもう一度

上がると、それは一つの語が終わって次の語が始まることを表します。「洗い髪」という一つの語（複合語）では絶対に起こらないパターンです。これはちょうど、「朝ご飯食べる？」と「朝、ご飯食べる？」の前半部分の違いに相当します。「朝」と「ご飯」がまとまって「朝食」という１語になるのであれば、アクセントも一つにまとまりますが、「朝」と「ご飯」が１語にならずに意味の切れ目があれば、発音上も間に切れ目が生じて、いったん下がったピッチが再上昇します。そうすることによって、アクセント的に２語であることを示すのです。「神田川」の歌に出てくる「あらい髪」のメロディーは、まさにこの後者の発音を持っています。アクセント的には「朝、ご飯」のようなメロディーで歌われているところに、「粗い髪」と聞き間違われた第一の理由があります。

　「洗い髪」が「粗い髪」と誤解されたもう一つの理由は、「洗い髪」の「髪」がガミと濁って発音されていることに気がつかなかったという事情です。「洗い髪」は複合語ですので、「前髪」や「後ろ髪」と同じように「髪」がガミと濁ります。連濁という日本語の複合語によく見られる現象ですが、この濁音が聞き取れないと「あらいカミ」となってしまいます。この歌を今改めて聞いてみると、南こうせつはたしかに「あらいガミが」と濁音で発音しているのですが、ガの部分が低いピッチ（レの高さ）で発音されていることも手伝って、ガがカに聞き間違われたと考えられます。

第 4 章　発音も変わる

コラム**2**　真っ白な掃除機

　聞き間違いが生じたもう一つの例として、小椋佳が
歌った「白い一日」（小椋佳作詞、井上陽水作曲）という歌
を紹介します。

　　真っ白な陶磁器を
　　眺めては飽きもせず
　　かといって触れもせず
　　そんなふうに君のまわりで
　　僕の一日が過ぎてゆく

　この歌の冒頭にある「真っ白な陶磁器を眺めては飽
きもせず」という 1 節を私は長い間、「真っ白な掃除機
を…」と歌っていました。掃除機が白いのはおかしく
ないものの、どうしてこんな陳腐な家電を飽きもせず
に長時間眺めたのかという疑問をずっと持ちながら歌
い続けていましたが、カラオケで「陶磁器」という文
字を見て合点しました。飽きもせず眺める対象として
は掃除機より陶磁器の方が自然で、また思いを寄せる
女性を例えるにはふさわしい名詞です。
　では「陶磁器」がどうして「掃除機」に聞こえたの
か、ここにも言語学的な理由があります。ト（to）と
ソ（so）の違いは子音の [t] と [s] の違いですが、こ
の二つの音は音声学的にとてもよく似た音です。とも
に舌の前の方が歯茎付近に近づいて作られる音で、ま

107

た両方とも声帯（ノド）が振動しない無声音です。両者の違いは、舌が歯茎に接触して空気の流れをいったん止めるか（t）、あるいは接触するまでに至らず摩擦が生じるだけか（s）という点にあります（音声学では［t］を無声歯茎閉鎖音、［s］を無声歯茎摩擦音と呼んでいます）。閉鎖が生じるか否かというだけの違いですので、音声学的にはとてもよく似た2音です。トウジキをソウジキと聞き間違えたとしても不思議ではありません。

　実際、サ行音とタ行音の混同はあちこちで起こっています。たとえばオソロシイ（恐ろしい）をオトロシイと言う方言は珍しくありません。『新日本言語地図』（大西拓一郎編、朝倉書店、2016年）によると、紀伊半島や四国にオトロシーという発音が、九州の一部（たとえば鹿児島県）にオトロシカという発音が分布しているようです。サ行―タ行という清音だけでなく、濁音のザ行音も方言ではしばしばダ行音で出てきます（ダ行音とザ行音の混同については159–165頁を参照）。

　方言以上にサ行音とタ行音の混同を見せるのが赤ちゃんの発音です。日本語だけでなく言語一般に摩擦音の［s］は閉鎖音の［t］より発音がむずかしく、［s］の音は［t］の音を前提に存在すると言われています。［t］がないのに［s］があるという言語はなく、いずれかしか持たない言語は必ず［t］の方を持つというのが言語学者たちが発見した法則です。赤ちゃんの言語獲得にも同じ現象が見られ、どの言語の赤ちゃんも

第4章 発音も変わる

[s] より [t] を先に獲得すると言われています。日本
語の子供では [t] を2歳頃までに発音できるようにな
るのに対し、[s] は4歳頃になってようやく発音でき
るという報告があります。英語の子供も [t] は2歳頃、
[s] は3歳頃に獲得するようです。

　いずれの言語でも、[s] をまだ発音できない子供は、
その音を [t] で代用しようとします（日本語の場合に
は、タ行からサ行が出てくるまでによくチャ行の音が
出てきます）。たとえば子供向けの絵本に「ノンタン」
というのがありますが、このタンはもともとサンから
きた音です。サンとは発音できないために、子供たち
はより容易な音であるタンで代用します。英語の赤ち
ゃんが太陽の sun（サン）を tun（タン）と発音するの
と似ています。また、有声音（濁音）の場合も摩擦音
の [z] を閉鎖音の [d] で代用します。

子供たちに観察される音の代用
日本語　　のり子さん → ノンちゃん → ノンタン
　　　　　ゾーサン → ドータン（象さん）
　　　　　レイゾーコ → レイドーコ（冷蔵庫）
英　語　　sun → tun（サン→タン）
　　　　　some → tome（サム→タム）

第1部　中高年の悩み

第**5**章
全然 OK

全然大丈夫

　これまでは意味や発音の世代差を見てきましたが、語法・用法が変化したものもあります。その代表格が「全然」です。現代のもっとも一般的な使い方は「全然知らなかった」「全然惜しくない」のように否定の表現と一緒に使うか、あるいは「全然ダメだ」のように否定的な意味の語と一緒に使うというものです。『大辞林』にもこの意味が一番はじめに出てきます。

　　ぜんぜん【全然】
　　（打ち消し、または「だめ」のような否定的な語を
　　下に伴って）一つ残らず。あらゆる点で。まるきり。
　　全く。

　ところが最近の日本語では「全然大丈夫」「全然いい」のように、肯定表現と並んで出てくることが珍しくありません。「全然平気」や「全然 OK」といった表現を日常的に耳にするようになりました。「全く」という語とほぼ同義に使われています。実際、「全然大丈夫」という表現を使うか使わないか大学生に聞くと、ほぼ全員が「使う」と答え、その表現でいいかどうかを尋ねると「全然 OK」という回答が返ってきます。いずれも、多くの中高年に

とってはいまだに違和感のある表現かもしれません。

　多くの中高年話者にとって「全然」と「全く」は似て非なる言葉です。「全く」の方は、「全く同感だ」「全く知らなかった」のように肯定、否定の両方の文で使っていますが、「全然」は否定の表現や語と一緒に現れるのが自然で、「全然大丈夫」というのは変だという中高年話者が多いでしょう。これに対し、若者たちの文法では「全然」も「全く」と同じように、肯定表現、否定表現のいずれとも共起できるようになっています。この用法は日本語の中では徐々に認知されてきているのか、『広辞苑』や『大辞林』にも「俗な用法」「俗な言い方」という但し書き付きながら既に掲載されています。

　この「全然」の使い方は、「とても」という副詞の発達に似ています。今では「とても暑い」「とても賢い」のように肯定表現の中でも用いられていますが、昔はそうではなかったようで、たとえば100年前の柳田國男（民俗学者）が、車屋の使った「とても寒い」という表現を聞いて飛び上がるほど驚いたという話を聞いたことがあります。「とてもかなわない」のような否定表現でしか用いられなかったものが、この100年の間に否定形を伴わない「とても」の用法が確立され、すっかり市民権を得たことになります。『広辞苑』にも、否定表現の使い方が一番はじめに出てきます。

　とても
　　①（否定を伴って）どんなにしても。なんとしても。

第1部　中高年の悩み

　②どうせ。ともかく。所詮。
　③非常に。たいへん。

　現代の中高年層が「全然大丈夫」という若者たちの語
法に驚くのは、柳田國男が1世紀前に「とても寒い」と
いう車屋の言葉に驚いたというのとよく似ています。そ
う考えると、「全然大丈夫」も、そのうちに完全に市民権
を得るのではないかと思われるのです。
　もっとも、この「全然＋肯定表現」という構文もまた
今に始まったものではないようです。「全然」という語
はその字の通り、もともとは「全くその通り」という意
味を持つ語であり、『広辞苑』では「全然」の最初にこの
意味が「全然たる狂人」という語例とともに掲載されて
います。『大辞林』でも「全然ない」のような否定と呼応
する用法に次ぐものとしてこの意味が取り上げられてい
て、『坊っちゃん』（夏目漱石）の「一体生徒が全然悪るい
です」という例があげられています。『広辞苑』の記述に
従うと、「全然」という語は次のような変遷を経てきたこ
とになります。

　ぜんぜん【全然】
　　①全くその通りであるさま。
　　②（否定の表現や語を伴って）全く。まるで。
　　③（俗な用法として肯定的にも使う）全く。非常に。

「全く」という強調の意味は変わっていない一方で、用

112

法は肯定から否定へ、そしてまた肯定へと変わってきていることがわかります。一見すると元に戻っているようにも見えますが、実際の使い方をみると①と③には違いがあるようです。③の意味の「全然」が「とても」のような単純な強調表現かというと、そうではなく、たとえば「暑いね」と話しかけられて、「全然暑い」とは答えないようです。「大丈夫か」「問題ないか」と聞かれて「全然大丈夫」「全然 OK」と答えるように、相手が持っているニュアンス（「大丈夫ではないのではないか」）を打ち消す時に使われるのが多いことがわかります。

頭痛が痛い

「全然大丈夫」という③の用法を別の観点から考察してみましょう。②の用法から③の用法が出てきたとすると、この表現は「全然問題ない」と「全く大丈夫」という二つの同義文が混成された結果と解釈することができます。混成文とは、ある文の前半と、その同義文の後半が結合してできる現象で、言い間違いとして自然言語によく見られるものです。

次の駅は新大阪です×次は新大阪に止まります
　　→ 次の駅は、新大阪に止まります［車内放送］
名古屋インターまでの所要時間はおよそ 1 時間です
　　×名古屋インターまでおよそ 1 時間かかります
　　→ 名古屋インターまでの所要時間はおよそ 1 時間
かかります。

第1部　中高年の悩み

雨が降らないうちに帰ろう×雨が降る前に帰ろう
　　→　雨が降らない前に帰ろう
水中に顔をつける×水の中に顔をつける
　　→　水中の中に顔をつける
泳げる×泳ぐことができる　→　泳げることができる
次の電車をお待ちください×駆け込み乗車はおやめ
　　ください　→　次の電車はおやめください

　中には漫才のネタに使われるような混成表現もありま
す。

頭痛がする×頭が痛い　→　頭痛が痛い
やめて！×しないで！　→　やめないで！

　このような言い間違いは私たちの生活の中で日常的に
作り出されるもので、聞いている人もあまり違和感なく
受け入れられることが多いようです。そのためか、「汚
名挽回」や「的を得た」のように多くの人に使われてい
る混成表現もあります。『広辞苑』にも『大辞林』にもま
だ正用としては受け入れられていない表現です。

汚名返上×名誉挽回　→　汚名挽回
的を射た×当を得た　→　的を得た

　もともと混成エラーは、意味がよく似た二つの表現が
頭の中で混同して起こるものです。頻繁に起こる言い間

違いが定着したとしても不思議ではありません。社会の中で受け入れられるようになると、誤用というレッテルがはがれて辞書にも記載されることになります。「雨が降らない前に」といった「…しない前に」という混成表現は既に一部の方言に定着しているようですので、標準語でも正用として認知される日がくるかもしれません。

5000円からお預かりします

「5000円からお預かりします」や「1万円からお預かりします」という言い方をコンビニなどでよく耳にしますが、この「…からお預かりします」というおかしな表現も混成エラーとして分析できます。

5000円から頂戴します×5000円お預かりします
　→　5000円からお預かりします

この混成表現はコンビニのマニュアルに載っているのでしょうか、今では日本全国のコンビニで聞かれるようになりました。毎日接しているうちに、以前に比べると違和感を覚えなくなってきた気もします。この表現もまた言語学的に見て何ら特別なものではなく、混成エラーという自然言語の一般的な特徴を示しています。

ゴジラ

「全然大丈夫」や「5000円からお預かりします」は二つの同義文が混交して作り出された表現ですが、二つの語

第1部　中高年の悩み

が混ざって作り出されたもの（混成語、カバン語）も数
多くあります。たとえば「ゴジラ」は「ゴリラ」の前半と
「くじら」の後半が組み合わさってできた語です。東京
の大田区が太田区とならないのは、大森と蒲田という二
つの区が合併してできた区だからです。日本が誇る指揮
者の小澤征爾さんは旧関東軍参謀の2人の軍人の名前を
混成して名付けられたそうです。

動詞
　やぶる（破る）×さく（割く）→ やぶく（破く）
　とらえる（捕える）×つかまえる（捕まえる）
　　→ とらまえる
　あたりまえだ×べらぼうめ → あたぼう（よ）
商品名等
　ピアノ×ハモニカ → ピアニカ
　ビニール×ナイロン → ビニロン〔化学繊維〕
　リンス×シャンプー → リンプー
　レター×ファックス → レタックス
　カルシウム×サルピス → カルピス
　バドミントン×ピンポン
　　→ バトポン〔バドミントンと卓球を組み合わせた遊具〕
地名・人名等
　大森区×蒲田区 → 大田区
　（板垣）征四郎×（石原）莞爾 → （小澤）征爾
　マジック×トリック
　　→ マリック〔奇術師Mr.マリック〕

ゴリラ×く<u>じら</u> → ゴジラ
　　会社名等
　　　<u>ダスト</u>×ぞう<u>きん</u> → ダスキン
　　　<u>グリコ</u>×ユートピア → グリコ<u>ピア</u>
　　　<u>カルシウム</u>×ビタミンB_1 → カルビー
　　　<u>ロッテ</u>×カフェ<u>テリア</u> → ロッテリア
　　　<u>丸二</u>×<u>青井</u> → 丸井〔企業〕

　混成語はもともと類似の意味を持つ2語が頭の中で混ざってしまって作られるもので、1語の前半ともう一つの語の後半が組み合わされます。日本語では「ピアニカ」や「ビニロン」のように、一つの語のはじめの2モーラ（ピアノ、ビニール）が、もう一つの語の3モーラ目以降（ハモニカ、ナイロン）と組み合わされる場合がもっとも多いようです。

十本

　漢字の複数の発音が混ざって新しい発音が作り出されたケースもあります。「ばんざい（万歳）」はもともと漢音の「ばんぜい」と発音されていたものが、「まんざい」（マンは呉音、ザイは慣用音）と組み合わさってできた発音です。また「十本」の発音が「じっぽん」から「じゅっぽん」に変わってきたのも、「十」が持つ二つの発音（十五の「じゅう」と十指の「じっ」）の混成によるものです。NHKのアナウンサーは今でも伝統的な「じっぽん」という発音を守っているようですが、一般には混成形の

117

第1部　中高年の悩み

「じゅっぽん」の方がよく聞かれ、またパソコンでもこの
入力で「十本」という字が出てきます。

　ばんぜい×まんざい　→　ばんざい（万歳）
　じゅう×じっ　→　じゅっ（十）

brunch

　混成語は当然のことながら他の言語でも新語として作
り出されます。たとえば日本語に入ってきた英語の混成
語に次のような例があります。日本語の混成語と同じよ
うに、意味がよく似た2語が混交の対象となることが一
般的で、1語の前半ともう一つの語の後半が組み合わさ
る形で作り出されます。

　breakfast × lunch　→　brunch（朝食兼昼食）
　smoke × fog　→　smog（スモッグ）
　Oxford × Cambridge
　　→　Oxbridge（イギリスの一流大学）
　spoon × fork　→　spork（先割れスプーン）
　paraplegic（麻痺した）× Olympic
　　→　paralympic（パラリンピック）

第2部
ところ変われば

第2部　ところ変われば

第**1**章
日本国内の異文化

味噌おにぎり

　平成29年（2017）のお正月のテレビ番組で「味噌おにぎり」が話題になっていました。「味噌おにぎり」を日常的に食べている地域（東日本）とそうでない地域（西日本）に日本列島が二分されているという内容でした。西日本出身者にとって「味噌おにぎり」という言葉自体が聞きなれないもので、おにぎりの具として梅干や昆布の代わりに焼き味噌が入っているものと思って番組を見ていましたが、実はそうではありませんでした。味噌汁に入れるのと同じ生の味噌をおにぎりの表面に塗って、しかもそれを焼かずにそのまま食べるというものです。

　名古屋や大阪、福岡の人たちは、この食べ物を見て異口同音に「これ何？」と聞いていました。レポーターの説明に対して「何とけったいな食べもん！」というのが大阪人の反応で、表現こそ違うものの西日本の他の地域の人たちも同じ感想を漏らしていました。西日本の人たちにとっては、味噌を料理せずにそのまま食べるということが、人間（日本人？）の常識を超えた食文化と映ったのでしょう。

　私もこの西日本の常識に全く同感でしたが、東日本の人たちの反応は真逆でした。「味噌おにぎり」を知らない日本人がいることにまず驚き、大阪人の「けったいな

地図１：日本列島をヨーロッパと重ねた地図

実際には日本列島はもっと南に位置する（真田信治『方言は気持ちを伝える』岩波書店、2007年より引用、一部改変）

食べもん」という反応にさらに驚きます。「こんなおいしい食べ物を知らないなんて」というのが北関東や東北の人たちの一致した反応でした。東日本の中でも東京や静岡の人たちは名古屋以西の人たちと同じ文化を持っているようで、名古屋以東は北か南かで分かれるようです。テレビでは、長野県あたりが「味噌おにぎり」を食べる文化と食べない文化の境界だと言っていました。

　同じ食べ物を見て、「おいしそう」と思う地域もあれば、「何とけったいな」と思う地域もあります。日本列島は北から南までとても細長い国であり、日本列島をヨーロッパに移動させると北欧から南欧までの長い地域に相当します（地図１参照）。ヨーロッパだとこの範囲でいくつ

もの言語が話されており、多様な文化が存在します。日本列島に多様な言語や文化があったとしても不思議ではありません。ところ変われば文化や常識も変わってくるのです。味噌おにぎりの話は、そのことを象徴する例でした。

牡蠣のお雑煮

　食べ物の地域差という点では、お正月に食べるお雑煮の中身が地域によって大きく異なることがよく知られています。私も東京に住み始めてみて関東のお雑煮に鶏肉が入っているという事実に驚きました。とはいえ、お雑煮に鶏肉を入れる文化は関東だけではないようで、このことが職場の話題になった時は広島出身の人だけが私の驚きに賛同していました。その広島人が「お雑煮はやっぱり牡蠣でしょ！」と真顔で言うのを聞いて、二重に驚いた経験があります。お雑煮は肉気のない精進料理だと信じていた者には、いずれも衝撃の発見でした。

　この原稿を書きながら、1970年代に北陸地方を旅行した際、豆腐の中に辛子が入っているのを見て（食べて）驚いたことも思い出しました。豆腐はただ醬油をかけて食べるという文化で育った人間には、辛子との組み合わせがとても意外に感じられたのです。

黒蜜ところてん

　私は鹿児島を出発点として、大阪、名古屋、大阪、神戸、東京と引っ越しを重ねましたが、新しいところに住

むたびに、自分の常識や先入観を破る新たな発見があり
ました。九州から大阪に移り住んだ時は、関西の人たち
が「ところてん」に黒蜜をかけて食べるのに驚きました。

「ところてん」は九州でも夏場の定番メニューですが、
昔も今も醤油か酢醤油をかけて食べるもので、ご飯のお
かずとなるものです。これに対して関西では同じ食べ
物がデザートとして黒蜜をかけて食べられているので
す。九州人にとっては驚きです。逆に、関西人にとって
は「ところてん」が他の地域でおかずとして食べられて
いるということが驚きの事実であり、醤油をかけて食べ
るという風習が奇異に感じられるようです。

水筒と体操服

名古屋から大阪に移り住んだ時は、大阪の子供たちが
水筒を持って登校することに驚きました。大阪の水道水
はおいしくない（おいしくなかった？）ために、学校の
水道水は飲まずに水筒を持って行くという習慣ができた
ようです。水道の水をそのまま飲んでいる地域の人には
思いもよらない習慣です。

大阪から神戸に引っ越した際には、小学生たちが体操
服で登下校するのを見てびっくりしました。体育の授業
がある日は、学校で体操服に着替える手間を省くために
体操服で登校し、その格好で下校するというのが神戸の
習慣だったようです。体育の時間に汗をかいたらどうな
るの、というのが私の素朴な疑問でしたが、神戸の人た
ちはそれよりも着替えの時間を省くという合理性を重視

第2部　ところ変われば

しているようです。

食べ物と言葉

　味噌おにぎり、お雑煮、辛子入りの豆腐などの食べ物にせよ、水筒や体操服などの話にせよ、これらは私にとってすべて異文化体験でした。本書の冒頭で、イギリス留学中に体験した異文化の話をしましたが、別に外国に行かなくても海外生活と同じような異文化体験ができます。同じ国の中でも地域によって文化や考え方が違うために、日常的に異文化を体験できるのです。

　これと同じことが、言葉についても言えます。細長い国で話されている日本語は地域差が大きいことで知られています（沖縄・奄美の言葉は最近では琉球語と呼ばれ、日本語とは異なる言語だという説も広く受け入れられるようになってきましたが、この本では旧来のように日本語と呼ぶことにします）。50km、100km離れるだけで、違う特徴を持った日本語が話されているのです。そしてこの地域差——方言差——は時として誤解が生じる原因となり、人間関係を損なう要因となります。この章では、そのような方言差により生じるコミュニケーションの問題を、いくつか実例を元に見ていきたいと思います。

第2章
味噌汁は「からい」か「しょっぱい」か

1 俚言

いちびりとゲラ

　日本各地の人たちと話をしていると、地域によって聞きなれない言葉があることに気がつきます。大阪に住み始めた頃は「いちびり」「いらち」「ゲラ」などの言葉がわかりませんでした。「いちびり」はふざけてはしゃぎ回るお調子者のこと、「いらち」は落ち着きがなく、いらいらする人を意味します。「ゲラ」はゲラゲラとよく笑う人のことで、大阪人は「あの子はゲラや」という言い方をしていました。「ところ変われば品変わる」と言いますが、言葉も変わるものです。

けったマシン

　名古屋では「けった」や「けったマシン」、「昼ほうか」という言葉に戸惑いました。「けった」は自転車のことで、おそらく「ペダルを蹴る」の「蹴る」に由来します。中学生たちはこれに「マシン」という外来語を付けて「けったマシン」と呼んでいました。ある時、中学生が「けったマシンがなくなった」と言って慌てていたのを思い出します。自分が持つ語彙を総動員して、「けった」とは何だろう、「けったマシン」とは何だろうと考えたも

のです。「けった」だけならまだしも、「マシン」という
外来語を付けるところに名古屋人の見栄をみた気がしま
した。

昼ほうか

　名古屋では「昼ほうか」という言葉も初耳でした。「ほ
うか」と言えば「放火」しか思い浮かばず、「昼放火」と
は何だろうと思ったものです。「昼ほうか」は「昼放課」
と書き、名古屋近辺では「昼休み」を意味します。この
地域では、学校の時間割にも「昼休み」のところに「昼放
課」と書いてあるのだそうです。「放課後」という表現で
しか「放課」という言葉を使わない人間には、漢字を見
ても意味がつかめない言葉です。辞書的には、「放課後」
は「その日の授業が終わった後」、「放課」は「1日の授業
が終わること」を意味します。「昼放課」と言われても何
のことやらわからないというのが、名古屋に移り住んだ
人の共通した体験のようです。

げんなか

　「いちびり」や「昼放課」のように、特定の地域でしか
使われない語彙は俚言と呼ばれ、日本中どの地域にもあ
ります。観光地の売店では、よくその地方の方言をまと
めた手拭が販売されていますが、そこに出てくるのが俚
言です。先に紹介したのは大阪と名古屋の俚言ですが、
鹿児島にも次のようなものがあります。この中には「か
さぶた」を意味する「つ」のように、九州一円で使われて

いるものもあります（『新日本言語地図』57頁）。

　げんなか（恥ずかしい）
　もじょか〜むじょか（かわいらしい）
　ぐらしか（可哀想だ）
　てそか（疲れた）
　穂がなか（馬鹿だ）
　ラーフル（黒板消し）
　つ（かさぶた）
　びんた（頭）
　がる（叱る）
　がめる（盗む）

しょっぱい

　新しい言葉に出くわすのは東京も同じです。東京＝標準語という先入観がありますが、けっしてそうではありません。他の地域から東京に移り住んではじめて聞く言葉もあるのです。私にとってそのような耳なれない言葉の一つが「しょっぱい」という形容詞でした。「この料理はしょっぱい」というように食べ物の味を表す言葉ですが、九州生まれの私は「すっぱい」という言葉がなまったのかと勘違いしたものです。

　東京の人たちは「塩辛い」という意味で「しょっぱい」を使っているのですが、「塩辛い」がどうして「しょっぱい」となるのか不思議です。「塩っぽい」が元の語であれば「しょっぽい」となるはずです。『方言の地図帳』（佐藤

亮一監修、小学館、2002年）では、昔中央（京都）で使われていた「しおはゆい」という語が変化したと推定されていますが、どのような音変化を経たら「しおはゆい」が「しょっぱい」になるのでしょうか。この語は、東京の食べ物の塩辛さとあわさって、記憶に残る言葉の一つです。

ちなみに鹿児島では塩辛いことを単に「辛い」と言います。カラカと言えば「塩辛い」という意味になるのですが、カレーライスなどのようにスパイスがきいているものもカラカと言います。後者が後から入ってきて「辛か」が多義的になったようです（139-141頁参照）。

「かたす」と「なおす」

東京近辺では「かたす」という動詞も時々耳にします。「片付ける」という意味だそうで、『広辞苑』によると関東や東北地方で使われているようです。同じ意味の関西版が「なおす」という動詞で、この語は「片付ける」という意味で関西、九州、沖縄一円と東北や北海道の一部で使われています（『方言の地図帳』143頁）。地理的にみると、「なおす」に比べて「かたす」が使われている地域は狭いようです。

関西弁の「なおす」は意味があいまいだということをよく耳にします。「おもちゃをなおす」というのが「修理する」という意味なのか、「片付ける」という意味なのかわからないというコメントです。たしかに「おもちゃをなおす」と聞いただけでは関西人でもどちらの意味かわかりません。文脈（場面）で判断するしかありませんの

で、文脈が乏しい状況では誤解が生じるおそれが出てきます。

　では、「かたす」にはそのような危険性がないかというと、そういうわけでもありません。関西人にとっては東京人が使う「かたす」は単に意味不明の動詞かもしれませんが、同じ動詞を別の意味で使う地域の人間にとっては厄介な言葉です。鹿児島では「仲間に入れる」という意味で「かたす」という動詞を使います。「かたしてくれ」と言えば「（おれも）仲間に入れてくれ」という意味、相手に向かって「かたさん」と言えば「（お前は）仲間に入れてやらない」という意味です。この意味で「かたす」という語を使う地方の人にとって、東京の「かたす」は意味不明の言葉ではなく、頭を混乱させる語彙ということになります。

　ちなみに『広辞苑』の「かたす」には、この「仲間に入れる」という意味は載っていません。昔中央（京都）で使われていた語が地方に伝播したというわけではなさそうです。

2　お肉買ってきて

豚肉は「肉」か？

　ここまであげてきた例は、それぞれの地方で限定的に使われる言葉の例でした。人は皆、はじめて耳にする言葉であれば、どういう意味だろうと思って注意します。無意識のうちに文脈で判断しようとするか、あるいは相

第2部　ところ変われば

手に直接尋ねることで意味をわかろうとします。多少は厄介なものですが、コミュニケーションにとってそれほど害があるものではありません。害になるのは、聞き手もよく知っている言葉が、聞き手の理解とは違う意味で使われる場合です。同じ言葉が地域によって異なる意味で使われる時、誤解や摩擦が生まれる可能性が出てきます。

　その一つの例が「お肉」という言葉です。お肉は、肉屋やスーパーマーケットのお肉コーナーに売っているものだから全国共通と思われがちですが、その言葉が意味する範囲は地域によって異なります。私がその違いを意識したのが、妻に「お肉を買ってきて」と頼まれた時でした。スーパーマーケットで豚肉を買って帰ったのですが、家に帰ってそれを見せると「「お肉」と言ったでしょ」と叱られました。鹿児島人にとって豚肉も立派な「お肉」なのですが、関西出身の妻にとって豚肉は「お肉」の範疇に入らなかったのです。

　実は関西では、単に「お肉」と言えば通常、牛肉を意味します。お肉＝牛肉という等式が成り立っているようなのです。そのため関西のコンビニで売られている「肉まん」には、よく「豚まん」という注意書きがあります。また関西で有名な肉まんの店は「551の豚まん」「豚まんの551」という名で知られています。豚肉入りのものを「肉まん」とは呼べないという関西人のこだわりなのでしょう。

　これに対し鹿児島で「お肉」と言えば、牛肉に加えて

豚肉も入ります。昭和の時代の商店街には「肉屋」があり、そこでは牛肉と豚肉が売られていました。一方、鶏肉は「肉屋」ではなく「かしわ屋」で買っていました。同様に魚肉は「魚屋」で買うのが一般的でした。この社会では「お肉」と言えば肉屋で買う牛肉と豚肉を指し、鶏肉は「かしわ」、魚肉は「魚」と呼ばれていたわけです（スーパーマーケットが発達した今日では、鹿児島でも「お肉」の範疇が微妙になってきています）。

ちなみに鶏肉を意味する「かしわ」という言葉は全国共通のものではなく、東日本の人たちにはなかなか通じません。福岡の食堂で東京人が「このメニューにある「かしわ」って何？」と聞いてくるのに驚いた経験があります。東京人は「かしわ」という新しい語彙に驚き、九州人はこの語彙を知らない人がいることに驚く。ところ変われば言葉も変わる、そのことを実感させた言葉です。

関西の対極にあるのが関東です。ここでは豚肉だけでなく鶏肉も「お肉」の範疇に入るようで、「お肉」は牛肉から鶏肉までを指しています（図1）。「お肉を買ってきて」と頼まれた関東人は、鶏肉（かしわ）を買ってくる可能性もあるわけです。

図1：「肉」の意味範囲

豚肉のカレー

西日本から関東に移り住むと、豚肉が多いのに気がつきます。「肉まん」をはじめとして、肉じゃが、すき焼き、カレーライスなど、多くの料理に牛肉ではなく豚肉が使われています。関西人の感覚では、豚肉入りの肉じゃがは「肉じゃが」とは呼べないということになるのでしょうが、関東はそのくらい豚肉をよく食べる文化です。

豚肉と言えば、数年前のテレビ番組で豚肉入りのカレーライスをめぐって面白い場面がありました。アナウンサーの安住紳一郎氏が有名人と一緒にレストラン巡りをする民放番組で、その日のゲストは「浪速の主婦代表」を自称するタレントの上沼恵美子氏でした。一緒に入ったカレー屋で豚肉入りのカレー（いわゆるポークカレー）が話題になり、安住氏（北海道出身）が「幼い頃は豚肉のカレーが普通だった」という趣旨の発言をした時です。上沼氏は思わず「苦労なさったのですね…」という反応を見せました。

関東人であれば豚肉入りのカレーライスには特段の違和感はないのでしょうが、関西人はそうではありません。カレーは牛肉が普通で、わざわざ「ビーフカレー」と言わなくても牛肉が入っているのが当然という関西人の常識と、牛肉の代わりに（より安い）豚肉を入れざるをえなかったのだろうという推測。それらが一緒になって「苦労なさったのですね…」という発言が出てきたのだろうと思われます。上沼氏の発言は関西人の感覚をよく表しています。

第2章　味噌汁は「からい」か「しょっぱい」か

3 「わい」と「おい」

　テレビのドラマを見ていると、関西人が自分のことを指して「わい」と言っている場面に出くわします。ここでは「おれ」や「わたし」「わし」と同じく、一人称の代名詞として使われています。これに対し同じ関西で、本来一人称である「われ（我）」という語を相手に対して使うことがあります。喧嘩の場面などで、相手をののしって「われは…」と言っているのです。「わい」は自分を表す一人称、「われ」は相手を指す二人称というわけですから、他の地方から来た人には厄介な言葉です。

　一方鹿児島では、自分のことを「おい」と呼び、相手のことを「わい」と呼びます。関西では自分を指していた「わい」という語が、鹿児島では逆に相手を指す時に使われているわけです。関西弁の「われ」に対応すると考えると、二人称だというのが理解できるかもしれませんが、「わい＝お前」という等式を理解するのは容易ではありません。

　同様に、鹿児島の「おい」も厄介です。西郷どん（西郷隆盛）が「おいどんは薩摩の出身でごわす」と言う時の「おいどん」と同じく、鹿児島弁の「おい」は自分自身を指す一人称の代名詞です。鹿児島では「あれ」や「これ」という代名詞も「あい」「こい」となりますので、「おい」が標準語の「おれ」に対応する一人称だというのも納得がいきます。ただ、同じ語が日本語では一般に呼びかけの間投詞として、「おい、お前！」というように相手の注

133

第2部　ところ変われば

意を引く時に使われていますので厄介です。

　鹿児島でも同じ意味の間投詞として使われることがあり、さらには「甥」も「おい」ですので、鹿児島弁には3種類の「おい」があることになります。困ったことにアクセントの区別もなく、三つとも同じ（**おい**）ですので、文脈で意味を判断するしかありません。たとえば「おい、こいがおいがおいじゃっ」と言えば、「おい！これがおれの甥だ」という意味になります（鹿児島弁では属格の助詞として「の」の代わりに「が」がよく使われます）。

　まとめると関西と鹿児島では次のような違いがあることになります。

単語	意味（関西）	意味（鹿児島）
わい	自分（一人称）	お前（二人称）
われ	お前（二人称）	自分（一人称）
おい	呼びかけ	自分（一人称）＋呼びかけ

　「自分」という名詞も厄介です。関西の大学に入学した頃、同級生の関西人（女性）に「自分、どこの出身？」「自分、何という名前？」と聞かれて驚いたことがありました。「私、どこの出身？」「私、何という名前？」と聞かれている感じで、この人は少し頭がおかしいのではないかという気さえしたものです。

第2章 味噌汁は「からい」か「しょっぱい」か

4 隣のおっさん

「隣のおっさん」と言えば全国的には「隣のおじさん」と同義です。「おっさん」は「おじさん」が転じてできた語で、中年の男性を意味します。ところが関西では同じ語が「お坊さん」を意味することもあります。語頭にアクセントを置いて**オッ**サンと発音すると「お坊さん」の意味が、後ろに高くオッ**サン**と発音すれば「おじさん」の意味が出てくるのです。アクセントによって二つの意味を使い分けていることになります。「おじさん」の意味しか知らない人が関西人と話をする時は要注意です。

これに対し、鹿児島弁では同じ語が「奥さん」の意味で使われます。「おくさん」の「く」が促音化して「おっさん」という発音が出てきたのです。アクセントはオッ**サン**、つまり標準語や関西弁でおじさんを意味するオッ**サン**と同じ発音ですので、聞いただけでは区別がつきません。鹿児島で「隣のおっさん」と言えば「隣の奥さん」を意味します。このため、「隣のおっさんは美人だ」と言っても何らおかしくないのです。

ちなみに台湾でも奥さんのことを「おっさん」というのだそうです。台湾出身の人の話では、市場に買い物に行くと店の人に「オッサン、オッサン」と言って声をかけられるとか。日本の市場で「奥さん、奥さん」と呼びかけられるのと同じです。台湾は第二次世界大戦が終わるまでの数十年間、日本の統治下に置かれており、九州の人たちが大勢台湾に移り住んだそうです。その時代に

第2部　ところ変われば

南九州の日本語から台湾の日常語に入った可能性が大ですが、発音は鹿児島のアクセントとは違い、**オ**ッサンとなります。つまりお坊さんを意味する関西弁と同じ発音です。台湾の「おっさん」は、意味は鹿児島と同じく「奥さん」を表し、アクセントは関西の「お坊さん」と同じ**オッ**サンということになります。

　ちなみに台湾には日本語から入った言葉が少なからずあります。この「おっさん」以外にも「ウンチャン」（＝タクシーの運転手）や、「ウドン」「タタミ」「サシミ」「パン」「リンゴ」「タンス」「ソバ」「タクアン」などの語が今でも使われています。その多くは既に日本語からの外来語という意識が薄らいでいるようです。

5 　ねまる

　「おっさん」と同じように、同じ語が地域によって異なる意味で使われると誤解が生じる可能性が出てきます。そのもう一つの例が「ねまる」という動詞で、地域によって次のような意味の違いが出てきます。「ねまっている」といっても、正座しているという意味の地域もあれば、腐っているという意味を持つ地域もあるわけです。

　「ねまる」：正座する（北海道他）
　　　　　　　座る（富山他）
　　　　　　　食べ物が腐る（鹿児島）

同様な違いが次の語彙にも見られます。名古屋で「えらいなあ」と言われても、褒められているわけではありません。話者が「私は疲れた」と自分の体のことを言っているだけです。また東北人に「お静かに」と言われても、咎められているわけではありません。

「えらい」：立派だ（東京他）
　　　　　疲れた（名古屋）
「おどろく」：びっくりする（東京他）
　　　　　　目覚める（青森他）
「お静かに」：静かにしてください（東京他）
　　　　　　お気をつけて（東北他）

標準語の話者が混乱してしまうような単語はどの方言・地域にもあります。たとえば鹿児島では靴をはくことを「靴をふむ」と言い、かかとを踏みつけてはいている人に「靴をちゃんとふめ」と注意します。この意味を知らない人だと、かかとを踏みつけているのに「靴をふめ」と言われて困惑するかもしれません。ちなみに「靴をふむ」は南九州に分布している表現です（『新日本言語地図』86頁）。

「びんた」という鹿児島弁も他地域の話者を混乱させてしまう語かもしれません。鹿児島では「びんたがよか（＝頭がいい、賢い）」「びんたが痛か（＝頭が痛い）」「魚のびんた（＝魚の頭）」というように「頭」という意味で使いますが、標準語では「他人の頬を手のひらで打つこ

と」(『広辞苑』)という意味を持ち、「びんたを食らう」「往復びんた」といった使い方をするようです。

鹿児島で「びんたを打った」と言っても「(壁などに)頭をぶつけた」という意味を持つだけで、けっして暴力行為を働いたという意味ではありません。たしかに「びんたを食らう」「びんたを食らわせる」というと、人に殴られる、人を殴るという意味が出てきますが、これらは「食らう／食らわせる」という動詞が続いたために「殴る」という意味が出てきたにすぎず、「びんた」はあくまでも「頭」という意味です。明治政府の軍人や警官になった旧薩摩人たちの鹿児島弁から標準語に伝わったという説がありますが、そうだとすると「頭」という名詞から「頬を打つ」という動詞(行為)への意味変化を伴って伝わったことになります。

6 ところ変われば形容詞も変わる

太か人

九州南端の鹿児島では、いろいろな単語が標準語や関西弁とは異なる意味で使われています。たとえば「大きい」ことを鹿児島では「ふとか(太か)」と言います。「昨日釣った魚は太かった」と言い、久しぶりに会った孫に「太なったねえ」と言うわけです。

標準語の「太い」は横に広がっている様を表しますが、鹿児島弁の「太か」は全体の大きさを指しています。鹿児島で「太かねえ」と言われても、けっして「太ってい

る」と言われているわけではありません。鹿児島に行って「太か」と言われても体型を気にすることはないのです。ジャイアント馬場のように背の高い人であれば、太っていなくても「太か人」ということになります。ではお相撲さんのように「太っている」のはどう言うかというと、その時には「肥えた」という表現を使います。「肥えた人」とは太っている人の意味、「最近肥えた」と言えば体重が増えて太ったという意味です。

　ちなみに、鹿児島のように物の大きさを表す際に「太い（〜太か）」を使う地域は中国地方・四国地方の西部と九州一円に広く分布しています（『方言の地図帳』224-225頁）。全国的に見れば「大きい（オーキー、オッキー）」という語が中国地方から東北地方に至る広い範囲で使われており、「でかい〜いかい」が中部・甲信越を中心に分布しているようです。

辛か味噌汁

　「辛い」という味覚の形容詞も鹿児島弁と標準語では意味が違ってきます。先にも述べたように、鹿児島で「辛か」と言うと塩分がききすぎている様を表します。つまり「塩辛い」ということを単に「辛か」と言うのです。「この味噌汁は辛か」「東京の醤油は辛か」といった感じです。カレー粉のようなスパイスの辛さも「辛か」という同じ形容詞で表すため、「このスープは辛か」と言われても、塩辛いのかスパイスの辛さなのかわかりません。東京であれば前者を「塩辛い」もしくは「しょっぱい」と

言い、後者を単に「辛い」と言って区別するのでしょうが、鹿児島ではこの区別がむずかしいところです。『広辞苑』を引くと「辛い」は次のように書いてあり、この語がもともと多義的であったことがうかがえます。

からい【辛い】
　①激しく舌を刺激するような味である。
　　ア　唐がらし・わさび・しょうがなどの味にいう。
　　イ　塩味が強い。しおからい。しょっぱい。
　　ウ　酸味が強い。すっぱい。
　　エ　こくがあって甘味の少ない酒の味にいう。
　②心身に強い刺激を与える状態、または心身に強く感ずるさまである。

地図２：方言地図
「塩辛い」をカライ（～カラカ他）と言う地域

（『方言の地図帳』187頁に基づく）

第2章　味噌汁は「からい」か「しょっぱい」か

　ちなみに、塩辛いことを単に「辛い」という方言は九州地方から四国、中国地方にかけてかなり広く分布しています（『方言の地図帳』186-187頁、地図2参照）。それより東の関西地方から東海地方にかけては「辛い」と「塩辛い」が共存しており、さらに東の地域（甲信越〜北海道）では主に「しょっぱい」という語が使われているようです。最近では「しょっぱい」が勢力を増しているような印象ですが、『広辞苑』には「「塩からい」より俗語的」という記述があります。

甘か味噌汁

　鹿児島弁で「辛い」の反意語となる形容詞は「甘い」です。味噌の量が足らず、味が薄くなった味噌汁は「アマカ味噌汁」となります。「甘い味噌汁」というと、砂糖の甘さを連想するかもしれませんが、そうではありません。あくまでも塩加減が問題なのです。もっとも砂糖の味にも「甘い」を使いますので、「この味噌はアマカ」と聞いただけでは薄味という意味なのか、甘いという意味なのかわかりません。「辛か」が二つの意味を持っているのと似ています。

　ちなみに「甘い」という語を『広辞苑』で引くと、塩が足りないという意味が二つ目に記載されており、『柿本集』（700年頃）の例が出てきます。このことから、この意味は「甘い」という語彙に昔からあることがわかります。けっして鹿児島弁が独自の使い方をしているわけではないようです。

141

あまい【甘い】
①砂糖・あめなどの味がするさま。
②塩気が少ない。

また方言地図を見ても、塩味が薄い様を表す時にアマイ、アマカと言う方言は九州から中国地方、四国地方（北半分）などの西日本と、関東・甲信越から北海道までの東日本、北日本に広く分布しています（『方言の地図帳』188-189頁、地図3参照）。これらの地域は、上述の「塩辛い」を単にカライ、カラカという地域と少なからず重なっているようです。「あまい」は「からい」よりも広範囲な分布を示しており、新潟県～長野県～愛知県を結ぶ線よりも東の地域（つまり東日本の大半）でも使われて

地図3：方言地図
「塩味が薄い」をアマイ（～アマカ他）と言う地域

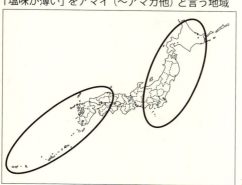

(『方言の地図帳』
189頁に基づく)

います。関西地方を中心として「みずくさい」が使われ、また関西や四国の一部と関東を中心に「うすい」という表現が使われていますが、全国的に見れば「あまい」がもっとも広く分布しているようです。

　『方言の地図帳』ではこの分布を元に、アマイが「塩味が薄い」ことを表す一番古い表現であると推定しています。後に、文化の中心地であった関西地方にウスイという言葉が発生して各地に広まり、さらにその後にミズクサイという言い方が出てきたという推論です。新しい語は文化の中心地で発生し、それが徐々に地方に広がっていく一方で、その伝播が完了する頃には都では別の新しい語が作り出されるという「方言周圏論」に基づく推論です。

お湯が痛か

　味覚だけでなく温度に対する表現も鹿児島弁と標準語では異なります。鹿児島ではお風呂やお茶の湯加減を尋ねる時に「ヌルカけ？　イタカけ？」（ぬるいか？　痛いか？）という表現を使います。沸かし方が足りない場合には「ぬるい」という標準語と同じ形容詞を使いますが、沸かしすぎたお湯に対しては「いたい」という形容詞を使うのです。

　後者は標準語の「熱い」に相当する言葉です。足の骨が折れた時にも同じ「イタカ」という形容詞を使いますので、鹿児島弁の「イタカ」には、お湯の温度が高いという意味と、怪我をした時の「痛い」という意味の二つの

第2部 ところ変われば

意味があることになります。これは英語の Ouch（熱い、痛い）と同じです。

　では真夏のように暑い時はどう言うかというと、鹿児島弁では「温い」という形容詞を使ってヌッカと言います。生温いお湯を表現するヌルカ（温か）と似ていますが、ヌッカは気温が高いことを指し、一方ヌルカは水温を表す言葉です。ちなみに真冬の寒さは鹿児島弁でも「寒か（サンカ）」という形容詞を使います。

　『広辞苑』では、「痛い」は次のようにゆるやかな表現で記述されています。

　いたい【痛い】
　　心身に強く感ずるさま、または心身を強く刺激する
　　状態を表す。
　　①（身体に）痛みを感ずる。
　　②（心に）苦しく感ずる。
　　③見聞きするに堪えない。
　　④感に堪えない。はなはだよい。すばらしい。

　これまで話してきたことをまとめると、標準語と鹿児島弁には次のような対応関係があることがわかります。同じような違いが標準語と他の方言の間に見られても不思議ではありません。ところ変われば言葉の意味や意味範囲も変わることを自覚しておく必要があります。

144

第2章 味噌汁は「からい」か「しょっぱい」か

	東京	鹿児島
サイズが	大きい	太か
体が	太った	肥えた
カレーが	辛い	辛か
味噌汁が	しょっぱい	辛か〜塩辛か
	薄い	甘か
砂糖が	甘い	甘か
足が	痛い	痛か
お湯が	熱い	痛か
	温（ぬる）い	温（ぬる）か
今日は	暑い	ぬっか
	寒い	寒か

7 ぶつかりよった

　方言の違いというと関西弁や東北弁といった大きな地域を単位に考えがちですが、同じ地方であってもその中に少なからぬ違いが見られます。その一つの例として関西の「…しよった」（ぶつかりよった、こけよった）という表現を見てみましょう。

　大阪で「ぶつかりよった」「こけよった」の表現を使うと、「ぶつかった」「こけた」という意味になり、そこに「ああ、どんくさいなあ」というニュアンスが含まれてきます。ところが大阪から70kmしか離れていない神戸では、同じ文が「…しそうになった（けれど、しなかった）」という意味になります。同じ表現でありながら、ぶ

145

第2部　ところ変われば

つかったかどうかが決定的に違うのです。次にあげるの
は、大阪から神戸に引っ越して間もない時の親子の会話
です。

　　子：A子ちゃんが横断歩道で車にぶつかりよった。
　　親：へえ。それで大丈夫やったん？　怪我は？
　　子：怪我なんか、せえへん。ぶつかりよったんや。
　　親：？？

　親は大阪弁で会話しているつもりなのに、子供の方は
いち早く神戸弁（この場合は神戸以西の播州弁）を習得
しています。「車にぶつかりよった」という文を、子供は
「ぶつかりそうになった」という意味で使っているのに
対し、その発言を聞いた親は「ぶつかった」の意味に解
してしまったのです。「ぶつかりよった」＝「ぶつかりそ
うになった」というのは、大阪弁しか知らない人間には
通じようもない意味といえます。
　ところで『新日本言語地図』によると、神戸弁のよう
に「…よった」を「…しそうになった」という意味で用い
る地域は兵庫県だけでなく、瀬戸内海に面した中国地方
（岡山県、広島県、山口県）と四国地方の比較的広い範囲
に分布しています。また岐阜県や福岡県、宮崎県の一部
にも同じ特徴が見られるようです。全国的には「ぶつか
りよった」＝「ぶつかった」と解する人が多いと思われ
ますので、上記の地域の人たちとの会話で「…しよった」
という表現が出てきた時は要注意です。

146

第2章　味噌汁は「からい」か「しょっぱい」か

コラム3　鹿児島の「おかべ」

　鹿児島では明治生まれの人たちが豆腐のことを
「おかべ」と呼んでいました。単に田舎の言葉と思
いきや、これはかつて京の都で宮中の女性（女房）
たちが使っていた女房言葉（女房詞）です。『広辞
苑』にも次のように記載されています。

　おかべ【御壁】（女房詞）豆腐。

　女房言葉は直接的な言い方を避けようとする言語
ですが、「豆腐は白い」→「白いはお壁」という比喩
が働いて、豆腐のことを「おかべ（お壁）」と呼ぶよ
うになったわけです。「お＋かべ」という構造は、語
頭から2モーラを取ってその前に「お」を付けた女
房言葉（下例）と同じです（28頁参照）。「おかべ」は
比喩を使ってひとひねりしています。

　　むつき　→　お・むつ
　　つむり　→　お・つむ
　　鳴らし　→　お・なら
　　冷やし　→　お・ひや
　　寝小便　→　お・ねしょ
　　数々（そろえる）→　お・かず
　　田楽　→　お・でん

147

第2部　ところ変われば

第**3**章
あなたにくれる

　前章では、地域によって言葉の意味が違ってくる例を見ました。「お肉」や「おっさん」という共通の語彙を使っていながら、その意味するところが方言によって違ってくるというケースで、出身地が異なる話者間では少なからぬ誤解を生み出す可能性があります。このような意味（語義）の違いと並んで、同じ語を違う用法で使うケースもあります。このような使い方（語法）の違いも、時としてコミュニケーションの障害となり、誤解を招く原因となりうるものです。

1 「やる」と「くれる」

犬に餌をくれる

　日本全国を取材したテレビ番組を見ていて「さっき金魚に餌をくれた」「まだ犬に餌をくれてない」といった表現を耳にすることがあります。標準語であれば「餌をやった」もしくは「餌をあげた」という場面ですが、地方によっては「やる」や「あげる」の代わりに「くれる」という表現を使います。

　標準語では「くれる」という授受動詞を、自分を起点にした移動には用いません。「お前にくれてやる」というような「くれてやる」という表現を除き、「くれる」と

148

いうのは人から自分への物の移動に使います（「くれて
やる」は「やる」を中心とした複合動詞ですので、「くれ
る」よりも「やる」の語法に従います）。「お父さんがこ
の本を私にくれた」「お母さんが私にくれたプレゼント」
のような使い方です。

　これに対し、上記の「金魚に餌をくれた」「犬に餌をく
れてない」といった表現を使う方言では、「くれる」とい
う動詞を双方向の物の移動に使っています。鹿児島弁も
そのような方言の一つで、人が自分に物を「くれる」場
合でも、自分が人に物を「あげる」場合でも、「くれる
（クレル、クルッ）」という同じ動詞を使うのです。たと
えば相手に物をプレゼントする場合には「くれる」を使
って「（あなたに）くるっで」と言います。金魚に餌をあ
げる時と同じ言い方です。

　　標準語の「くれる」　　　人 ⇒ 自分
　　鹿児島弁の「くれる」　　人 ⇔ 自分

　このように「くれる」を双方向に使う方言は珍しくな
いようです。『新日本言語地図』によると、「くれる」を
鹿児島弁のように使う地域は九州西南部以南（長崎県、
熊本県、宮崎県、鹿児島県、沖縄県）と中部地方以東（～
東北）の広い地域に分布しています（地図4参照）。同書
によると、日本語ではこのように双方向に用いる用法の
方が歴史的には古い用法なのだそうです。現代の標準語
のように、方向によって「くれる」と「やる／あげる」を

地図4：方言地図
「くれる」を双方向に使う地域

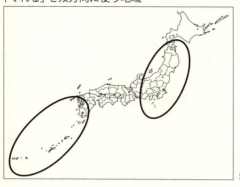

(『新日本言語地図』
265頁に基づく)

使い分ける特徴は、中世（平安時代後期）以降に発達したという報告が引用されています。この説に従うと、日本語の古い特徴が日本列島の北と南に残っていることになり、言語の変化は都で起こり、古い言語特徴が都から遠く離れたところに残るという「方言周圏論」を裏付ける事実ということになります。

読んでくれる

さらに鹿児島弁では、「（物を）くれる」という本動詞と同じように、「読んでくれる」「手伝ってくれる」のような補助動詞の「（…して）くれる」もまた双方向に使います。

第3章　あなたにくれる

鹿児島弁
　　子供が私に本を読んでくれた。　　　　　人 ⇒ 自分
　　私が子供に本を読んでくれた。　　　　　人 ⇐ 自分

標準語
　　子供が私に本を読んでくれた。　　　　　人 ⇒ 自分
　　私が子供に本を読んであげた／やった。人 ⇐ 自分

　上記の『新日本言語地図』によると、補助動詞の「…く
れる」が鹿児島弁のように人と自分の間で双方向に使わ
れる地域は、本動詞の「くれる」が双方向に使われる地
域とある程度一致しているようです。九州西南部以南で
は、長崎県、熊本県、宮崎県、鹿児島県、沖縄県に広く
分布し、これらの地域では本動詞「くれる」と補助動詞
「…くれる」の用法が一致しています。
　一方、東日本はどうかというと、補助動詞「…くれる」
を双方向に使う地域は本動詞「くれる」に見られる地域
より狭いようです。東北地方では依然として補助動詞
「…くれる」が双方向に使われているものの、中部地方以
東では東海地方から関東地方を中心に標準語タイプの用
法（一方向）が分布しています。この地域では、本動詞
「くれる」を双方向に使っている人でも補助動詞「…くれ
る」は一方向にしか使わなくなってきていることがうか
がえます。標準語タイプの用法が勢力を拡大してきてい
ることを示唆する分布ですが、本動詞より補助動詞の方
に標準語の影響が大きく現れることと、九州地方にはそ
の影響がまだ及んでいない点が興味深いところです。

第2部　ところ変われば

新聞をやって

　「やる」という動詞も鹿児島弁では双方向の移動に使います。標準語と同じような「自分が人に物をやる」という使い方だけでなく、「人が自分に物をやる」という言い方もするのです。

　　標準語の「やる」　　　人 ⇐ 自分
　　鹿児島弁の「やる」　　人 ⇔ 自分

　鹿児島弁の「くれる」「やる」の使い方は、英語の give という動詞の使い方に似ています。英語の give も、授受にかかわる2者の間で双方向に使うことができます。

　　I give a book to you.　　　相手 ⇐ 自分
　　You give a book to me.　　相手 ⇒ 自分
　　She gives a book to him.　　人 ⇒ 　人
　　He gives a book to her.　　　人 ⇒ 　人

　このように、「くれる」や「やる」のような授受動詞を一方向にしか使えない方言と、双方向に使える方言の両方が日本語に存在しています。この両者が接触した際に、言葉の摩擦が生じる可能性が出てきます。次に示すのは、このような異種類の方言を抱える家庭での会話です。

　　父：そこの新聞、早くお父さんにやって。
　　子：？？（新聞を渡す）

152

第3章　あなたにくれる

母：変な日本語を教えないで。「やる」は自分があげ
　　る時に使う言葉。自分がもらう時は、「下さい」
　　「ちょうだい」って言うの。

父：？？

2　鹿児島弁と英語

「行く」と「来る」

　鹿児島弁の「くれる」は人が自分にくれる場合だけで
なく、自分から人に物をあげる時にも使える表現だと述
べました。これは英語のgiveによく似ていて、この英単
語も人が自分に<u>くれる</u>場合と自分が人に<u>あげる</u>場合の双
方向に使えます。鹿児島弁はこの点において標準語より
英語によく似た特徴を示すのですが、鹿児島弁と英語が
似ているのはこれだけではありません。

　たとえば、動詞の「行く」と「来る」の使い分けが鹿児
島弁と英語は同じで、自分が相手のところに行く時は
「来る／come」という動詞を使います。たとえば標準語
で「明日あなたの家に行くから」という場面で、鹿児島
弁は「明日来っで」と「来る」を使い、英語はI'm coming
tomorrow. と come（来る）を使います。「持って行く」
と「持って来る」の使い分けも同様で、相手のところに
持って行く時は「持って来っで」（鹿児島弁）、I will bring
it to you.（英語）と言います。

153

第2部　ところ変われば

お湯が痛い

　痛さの感覚も鹿児島弁と英語はよく似ていて、熱湯に手を浸けた時も、針で指を刺してしまった時も同じ単語を使います。鹿児島弁ではどちらの場面でも「イタカ！」と言い、英語では Ouch! と言うのです。先述のように、たとえば鹿児島弁でお風呂やお茶の湯加減を聞く時は、「イタカ（痛か）か、ヌルカ（温か）か？」と尋ねます。

　標準語の感覚では「熱い」＝「痛い」というのがおかしく感じられるかもしれませんが、鹿児島弁話者も英語話者も熱湯に手を浸けた時と針を刺された時の感覚は同じなのです。「熱い！」と「痛い！」を言葉として区別するかどうか、日本全国の方言を調べて方言地図を描いてみたら面白い発見ができるかもしれません。

Yes か No か

　否定疑問文への答え方も鹿児島弁と英語は同じです。標準語では「雨降ってない？」と聞かれた時に降っていなかったら「はい、降っていません」「ああ、降ってない」と答えます。英語に直訳すると Yes, it is not raining. となるわけですが、これが日本人の犯しやすい英語の間違いの一つとされているものです。

　英語では肯定文で Is it raining?（降っている？）と聞かれても、否定文で Is it not raining?（降ってない？）と聞かれても、答えが否定であれば No と言いますので、降っていないのであれば No, it is not raining.（いいえ、降

154

っていません）となります。No という否定語と not という否定辞がうまく対応するわけです。

　鹿児島弁はこの英語の表現と同じ使い方をします。「雨が降ってない？」と尋ねられて、実際に降っていたら「降っとっど」と答え、降っていなかったら「うんにゃ、降っとらん」と答えます。「降っているか」と聞かれようが「降っていないか」と聞かれようが、答えが否定形であれば「うんにゃ、降っとらん」と No（うんにゃ）で答えるわけです。英語と同じ理屈です。

　発音の面でも鹿児島弁は英語によく似ています。日本語は言語の類型論で「モーラ言語」と呼ばれており、「カナダ、ハワイ、インド、ドイツ」はすべて三つ（つまり3モーラ）に数えます。これに対し英語のように音節で数える「音節言語」では、カナダ（Canada）は3音節、ハワイ（Hawaii）は2音節と数えられます。基本的に、母音の数を数えると音節数が計算できるわけです（ハワイの［ai］は二重母音、つまり1音節です）。

　実は鹿児島弁は日本語諸方言の中では珍しく、音節を数える方言として知られています。英語と同じように音節を単位として語のアクセントを決めており、たとえば鹿児島では上記の外来語は、カ・**ナ**・ダ、ハ・ワイ、**イ**ン・ド、**ドイ**・ツというように、後ろから二つ目の音節が高く発音されます。後ろから数えて三つ目のモーラを高く発音する標準語（**カ**ナダ、**ハ**ワイ、**イン**ド、**ドイ**ツ）とは対照的です。

155

第2部　ところ変われば

第**4**章
進化している和歌山弁

1 「を」はオかウォか

　幼稚園から小学校にあがる頃の子供たちは、よく「お̇かしお̇たべた」「たしざんお̇べんきょうしました」というように「を」を「お」と書きます。親や先生に「おかしを̇…」「たしざんを̇…」と訂正されて「お」と「を」の違いがあることに気づくわけですが、はじめて仮名文字を学ぶ子供たちにとって、この違いを理解することは容易なことではありません。現代の日本語では「を」も「お」と同じようにオと発音されているため、「お」ではなく「を」だと言われてもどう区別したらいいか困るわけです。

　これは大̇阪と王̇様のオーを「おお」と「おう」で書き分けるのと同じくらいむずかしい問題です。同じ発音なのにどうして？　と不思議に思うのはごく自然な疑問でしょう。子供は耳で聞いた通りに書きますので、大阪のオーも王様のオーも「おお」と書いてしまいます。これが実際の発音に忠実な表記です。逆にオーは「おう」と書くものと思いこんだ大人は、「十」や「通り」「氷」のように「お」と書くべきオーまでも「う」（とう、とうり、こうり）と書いてしまいます。パソコンで文章を書くようになった今日では、「通り」と書くのに「とうり」と入力してしまいがちです。このように、発音が同じものを書き

156

分けるのは子供にとっても大人にとっても至難の業です。ちなみに、「おお」と「おう」の書き分けは語源によるもので、前者は和語（大和言葉、漢字の訓読み）由来の言葉、後者は漢語（漢字の音読み）に由来する言葉に使います。もともと発音が違っていた時代の表記が今でも残っているものです。

　同じ発音の語を同じように表記してしまうのは日本語だけではありません。たとえば英語の子供たちは Good night の night をよく nite と書きます。night と書いても nite と書いても発音は同じ（ナイト）で、逆にこの発音を英語で普通に表記すると nite という綴り字が出てくるため、night を nite と書いてしまうわけです。new という語を nu と綴ってしまうのも同じ理由によります。

　「を」と「お」の違いに話を戻すと、この区別は文法的なものですので、「おかし」のような名詞に現れる「お」と助詞の「を」の性格が違うことをうまく説明すれば、その違いを理解するのはそれほどむずかしいことではないかもしれません。ではそれを説明する際に大人は「を」を何と呼べばいいのでしょうか。ここにも地域差が現れてきます。次にあげるのはそのような地域差が家族の会話に出てきた例です。

　父：「おかし」の次のオはオ（o）じゃなくてウォ（wo）
　　　と書くんだよ。
　子：？？
　母：変な日本語を教えないで。日本語にはウォ（wo）

157

という音はないでしょ。そういう時は「むずかし
い方のオ」と言うの。
父：？？

　実は「を」にはいろいろな呼び方があり、それが地域
によって異なるようです。ウォは「を」という仮名文字
の昔の発音ですので、歴史的にはけっして間違った呼び
方ではありません。ところが、そのような呼び方をしな
い地域の人にとっては変な日本語ということになってし
まいます。上記の会話は九州出身の父親と関西出身の母
親の会話でしたが、日本にはさまざまな「を」の呼び方
がありますので、このような会話は出身地が違う人同士
であれば日本中どこででも起こりうるわけです。

　「を」の呼び方
　　ウォ［wo］
　　むずかしい方のオ
　　つなぎのオ
　　重たいオ（〜重いオ）
　　くっつきのオ
　　小さいオ
　　わをんのオ
　　かぎのオ
　　腰曲がりのオ

　ちなみに関西ではウォという呼び方はほとんど使われ

ていないようですが、東京では比較的よく聞かれます。
読者の皆さんはどの呼び方でしょう。「を」が全国でど
のように呼ばれているか調べて方言地図を描いてみると、
面白い分布が見つかるかもしれません。

2 象の銅像

先進的な和歌山弁

　和歌山弁ではザ行がダ行に変わる現象がよく指摘さ
れます。これは和歌山から大阪府南部にかけて見られ
る特徴で、私も大阪府南部出身の年配者（昭和１ケタ生ま
れ）が3000円をサンデンエン、座布団をダブトン、象さ
んをドーサンと言っているのを耳にしたことがあります。
「象の銅像」はドーノドードーと言っているように聞こ
えました。

　　座布団　→　ダブトン

　　3000円　→　サンデンエン

　　象さん　→　ドーサン

　　象の銅像　→　ドーノドードー

　日本語では「ざじずぜぞ」と「だぢづでど」という異な
る仮名文字があることからもわかるように、ザ行とダ行
の音にはもともと区別がありました。日本語の歴史は、
両者の区別を失ってきた歴史であり、標準語でも既にイ
段（ジとヂ）とウ段（ズとヅ）はそれぞれ区別がなくなっ

ています。今でも鼻血を「はなぢ」、片付けるを「かたづける」と書いて表記上は元の区別を保っているように見えますが、「じ」と書いても「ぢ」と書いても発音は同じです。爺（じじ）のように表記上の区別もなくなったものもあります。母（ハハ）と婆（ババ）が清音と濁音の交代を示しているように、父（チチ）と爺（ヂヂ）ももともと清濁で対応していました。爺はサ行の濁音（ジジ）ではなくタ行の濁音（ヂヂ）であったことがわかります。

現在の標準語
| ザ | ジ | ズ | ゼ | ゾ |
| ダ | ヂ | ヅ | デ | ド |

「ジヂズヅ」の四つは四つ仮名と呼ばれ、今でも高知県や鹿児島県などの一部地域ではこれらの区別を残していると言われています。その一方で、和歌山弁のように、すべての段でザ行とダ行の区別を失っている地域もあるわけです（下図）。日本語の方言のほとんどは標準語と同じ状態ですが、日本語の変化の流れを考えると、この点では和歌山弁が日本語諸方言の中でもっとも進化していると言えるのかもしれません。

和歌山弁

このような歴史的な変化や方言差を考える時、いくつか疑問が湧いてきます。その一つは、五十音図の中でどうしてザ行とダ行に混同が生じたかという疑問ですが、これは音の類似性で説明できます。日本語の濁音にはガ行、ザ行、ダ行、バ行の四つの行があります。この中でガ行音とバ行音は口の奥（軟口蓋）と唇でそれぞれ作られるのに対し、ザ行音とダ行音はともに歯茎で作られる音です。ザ行とダ行の音は作られる場所（音声学でいう調音点）が同じなので、混同されやすいことが予測されます。

二つ目の疑問は、どうしてイ段とウ段が他の段よりも先に混同されるようになったのかという疑問です。多くの方言でザとダやゼとデの区別は保たれているのにかかわらず、どうしてジとヂ、ズとヅの区別は失われてしまったのでしょう。イ段とウ段の子音が他の段の子音よりも母音の影響を受けやすいことはよく知られていますが（たとえばハ行のヒとフは $[i]$ と $[u]$ の影響を受けて、ハヘホの子音 $[h]$ とは違う発音を持っています）、このことがどのように関係しているのでしょうか。

もう一つの疑問は、清音と濁音の非対称性です。ザ行とダ行の区別が失われるのであれば、その清音であるサ行とタ行も区別がなくなってもおかしくありませんが、シとチの区別やスとツの区別は依然として保たれています。濁音の方だけで音の区別がなくなっているのです。濁音は清音を前提に出てくる音ですので、濁音が清音より音の区別が少なくなるというのは一般論としては不思議なこ

とではないかもしれません。しかし日本語の場合に、なぜサ行―タ行の清音に対してザ行―ダ行の濁音だけが区別を失ってきているのか、これもまた面白い問題です。

音の有標性

和歌山弁でザ行とダ行の混同が起こっていることを見ましたが、この変化に関してもう一つ面白いのはザ行音→ダ行音という一方向の変化によって混同が起こっているという事実です。単なる混同であれば、ダ行音→ザ行音という逆方向の変化もあっておかしくありませんが、「象の銅像」などの例からもわかるように、すべてザ行音がダ行音に変わっています。鹿児島や宮崎では「がんばるぞう」が「がんばっどう」となりますが、ここで起こっているのもザ行音がダ行音に変わるという一方向の変化です。そこで、どうしてザ行からダ行へ一方向に変化するのかという疑問が湧いてきます。

言語学ではこの現象を、有標性という概念で説明しようとします。これは人間の言語に出てきやすい音や構造と、出てきにくいものがあるという考え方で、自然性という用語で説明されることもあります。たとえば上で紹介した清音と濁音の場合、濁音は清音を前提にして出てきます。これはカとガといった仮名文字だけの問題ではなく、清音と濁音の間の自然性の違いです。人間の言語では濁音を持つ言語は必ず対応する清音を有すると言われており、たとえばダ（da）という音を持つ言語はタ（ta）という音も持っています。濁音しか持たない言語

は存在しないのです。いずれかしか持たない言語は必ず清音を持ちます。現在の中国語（北京標準語）や韓国語がその好例です。

　また赤ちゃんが言語を獲得する過程でも、タやカのような清音を習得してからダやガなどの濁音を習得すると言われています。言語の歴史においても、清音と濁音の対立が生じる場合には、清音だけの体系から濁音を含む体系に発展することが知られており、また両者の対立がなくなる場合には、濁音が消えて清音だけが残ることが知られています。このように、濁音は常に清音を前提にして生起するわけです。図示すると次のようになります。

　図２：清音から濁音へ

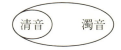

　これはちょうど算数の学習において、１桁の足し算を前提に２桁の足し算ができるようになるということと似ています。子供は３＋５のような１桁の足し算ができるようになってはじめて13＋25のような２桁の足し算もできるようになります。２桁の計算はできるけれども１桁の計算ができないというのは論理的に考えても不自然です。これになぞらえると、清音は１桁の計算、濁音は２桁の計算ということになります。数の計算にも簡単な計算から複雑な計算まであるように、言語の世界にも簡単

な音や構造から複雑な音・構造まであるというわけです。

　和歌山弁の話に戻ると、清音と濁音と並んでこのような違いが見られるのが閉鎖音（別名「破裂音」）と摩擦音の関係です。ダ行の子音は基本的に口の中に閉鎖を作り出す閉鎖音（d）であるのに対し、ザ行の子音は摩擦を作り出す摩擦音（z）です。赤ちゃんが言葉を獲得する時は、閉鎖音を摩擦音よりも先に獲得すると言われています。このため、閉鎖音しか作れない段階の赤ちゃんは摩擦音を閉鎖音で代用しようとします。日本語の子供たちはサ行やザ行の摩擦音をタ行、ダ行の閉鎖音で置き換えますが、英語の子供たちも［s］や［ʃ］，［v］，［ð］などの摩擦音を、対応する閉鎖音（t, b, d）で置き換えようとするのです。

日本語　　のり子さん → （ノンちゃん） → ノンタン
　　　　　ぞうさん → どうたん（象さん）
　　　　　あざらし → あだらし
英　語　　sun［s］ → tun［t］
　　　　　juice［dʒuːs］ → ［duːt］
　　　　　move［v］ → mobe［b］
　　　　　van［v］ → ban［b］
　　　　　that［ð］ → dat［d］

　また世界の諸言語を見た時、摩擦音を持たない言語はあっても、閉鎖音を持たない言語はないと言われています。摩擦音は常に閉鎖音を前提にして出てくるのです。

第4章　進化している和歌山弁

このように見てくると、和歌山弁は赤ちゃんの発音や言葉の自然性に忠実な言語であることがわかります。赤ちゃんの発音を残していると言えば幼稚な言語のように聞こえるかもしれませんが、人間が発音しやすいように発音している自然な言語なのです。日本語全体が同じ方向に進化してきていることを考えると、和歌山弁は標準語より一歩先を歩いている方言だと言えます。

3　雨はアメかアメか

雨と飴

　アクセントとは、語に備わった発音の特徴です。たとえば日本の多くの地域では「雨」と「飴」が違うアクセントで区別されます。アとメという一つ一つの音は同じでも、アメというまとまり（単語）になった時には区別されるのです。このような区別を可能にしているのがアクセントです。

　アクセントは英語やドイツ語をはじめとする西洋の言語にもあり、たとえばChínaは最初の音節を強く、Japánは二つ目の音節を強く発音します。しかしながら、日本語の「雨―飴」のような区別は多くありません。英語において、同じ音を持つ2語がアクセントで区別される割合はわずかに0.5%（つまり200の同音異義語に1個の割合）だそうです。これらの語の大半が impórt（輸入する）―ímport（輸入）、expért（専門である）―éxpert（専門家）のような品詞の違いを表すペアですので、日本語

165

第2部　ところ変われば

の「雨―飴」とは性格が異なります。

一方、日本語にはアクセントで区別される同音異義語は結構たくさんあります。標準語だと次のような例が思い浮かびます。

　ハナ（名前）―花―鼻
　箸―橋―端
　秋―飽き―空き
　成田さん―成田山―成田産
　神―紙
　佐藤―砂糖
　五頭―誤答
　同志―動詞
　普段―不断
　米朝（アメリカと北朝鮮）―（桂）米朝
　火トカゲ―人影
　４年生―４年制
　秋田県―秋田犬
　暑い―厚い
　成る―鳴る

日本語と英語の間にこのような違いがあるのは、両者のアクセントの性格が異なるためだと考えられています。英語のように音の強弱でアクセントを作り出す言語に対して、日本語のように音の高低でアクセントを表す言語は、アクセントによる区別（これを弁別機能もしくは示

差機能と言います）が容易だと言われています。標準語
には、次のようにアクセントで区別されない同音異義語
もたくさんあるのですが、英語のような強弱アクセント
の言語に比べるとアクセントの弁別機能が高いのは確か
です（太字が高く発音される部分を示します）。

　　雲―蜘蛛　**ク**モ
　　友―供　**ト**モ
　　神―上　**カ**ミ
　　紙―髪　カ**ミ**
　　序奏―助走―女装―除草　ジョ**ソー**
　　後藤―五島―語頭―誤答　ゴ**トー**
　　汚職事件―お食事券　オ**ショクジ**ケン
　　暑い―熱い　ア**ツイ**

いろいろな「ありがとう」

　高低アクセントが強弱アクセントと違うのは、「雨―
飴」のようにアクセントで区別される同音異義語が多い
かどうかということだけではありません。アクセントの
地域差が大きいのも高低アクセントの特徴です。たとえ
ば「ありがとう」という語を見ただけで次のような地域差
があります。東京から西に行くにつれて高く発音される
部分が後ろにずれていく感じがしますが、必ずしもそう
いうわけではありません。その証拠に、京都より西にあ
る岡山では名古屋によく似たアクセントが観察されます。

第2部　ところ変われば

東　京	あり**が**とう
名古屋	ありが**とう**
京都・大阪	ありが**とう**
鹿児島	ありが**とう**

　もちろんアクセントの地域差は「ありがとう」だけに
見られるわけではなく、また上記の四つの地域だけに見
られるものではありません。ある地点から50km離れる
だけで、同じ語が違うアクセントで発音されることも珍
しくないのです。日本語は世界の言語の中でも「アクセ
ントの宝庫」と言われるほどに多様なアクセント体系を
持ち、地域間で大きな違いを示します。これが発音面で
は日本語の一番の特徴とも言えるものです。たとえば東
京（標準語）と大阪（関西弁）、鹿児島の3地域を比べる
と、基本的な語彙のアクセントがかなり違っています。

東京	大阪	鹿児島
こんにちは	こんにち**は**	こんにち**は**
あめ（雨）	**あ**め	あめ
あ**め**（飴）	**あめ**	**あめ**
は**し**（橋）	**は**し	は**し**
はし（箸）	は**し**	は**し**
はし（端）	**は**し	は**し**
はる（春）	はる	はる
な**つ**（夏）	**なつ**	**なつ**
あき（秋）	あ**き**	あ**き**

ふゆ（冬）	ふゆ	ふゆ
くも（雲）	くも	くも
くも（蜘蛛）	くも	くも
あお（青）	あお	あお
いのち（命）	いのち	いのち
こころ（心）	こころ	こころ
さかな（魚）	さかな	さかな

　アクセントの地域差は基本的な語彙だけではなく、比較的最近日本語に入ってきた語にも現れます。たとえばマクドナルドという語は、東京ではクドナの部分が高く発音されるのに対し、大阪ではナだけ、鹿児島ではルだけが高く発音されます。このような地域差はアクセントを決める仕組み（アクセント体系・規則）が方言ごとに異なることに起因しています。

東京	大阪	鹿児島
パソコン	パソコン	パソコン
マクドナルド	マクドナルド	マクドナルド
ピーティーエー（PTA）	ピーティーエー	ピーティーエー
ティーピーピー（TPP）	ティーピーピー	ティーピーピー
エフビーアイ（FBI）	エフビーアイ	エフビーアイ

第2部　ところ変われば

　このようなアクセントの地域差が日本全国にあります。この種の地域差に加えて、前述したようなアクセントで区別される同音異義語（雨―飴など）がたくさんあることが日本語でのコミュニケーションを複雑にしています。これらの同音異義語のアクセントにも地域差があるため、単にアメという発音を聞いただけでは「雨」のことなのか「飴」のことなのかわかりません（アメは東京では「飴」を、大阪や鹿児島では「雨」を意味します）。ここに日本語アクセントのむずかしさがあります。

　英語にも地域によってアクセントが異なる例が若干ありますが（たとえばaddress［住所］、magazine［雑誌］、romance［ロマンス］などの語はアメリカ英語では最初の音節に、イギリス英語では最後の音節にアクセントが置かれる傾向があります）、アクセントが違っても意味は変わりません。日本語の場合には、これとは逆で、アクセントが同じでも地域によって意味が違ってくるのです。このため、同じ地域の人と話をする時はアクセントで「雨―飴」のようなあいまい性が区別できますが、地域が異なるとこの方法は通用しなくなります。出身地が違う人の言うことを理解する時は、アクセントではなく文脈に頼るということが大事になってくるわけです。

標準語と鹿児島弁

　東京、大阪、鹿児島の3地域のアクセントを観察すると、東京（標準語）と鹿児島（鹿児島弁）がほぼ逆のパターンで発音していることに気がつきます。たとえば東京

で〔高低〕というパターンで発音される語（雨、箸、春、秋、雲、蜘蛛）が鹿児島では〔低高〕というパターンで発音され、それとは逆に東京で〔低高〕で発音される語（飴、橋、夏、冬）が鹿児島では〔高低〕で発音されています。これは偶然ではなく、標準語と鹿児島弁では多くの和語（大和言葉）が逆のパターンを示します。東京でピッチ（音の高さ）が下がる語は鹿児島では下がらず、鹿児島で下がる語は東京では下がらないという傾向です（『アクセントの法則』）。

　これは上記のような和語の名詞だけでなく、動詞も同じです。東京で〔高低〕〔低高低〕とピッチを下げて発音される動詞のほとんどが、鹿児島では〔低高〕〔低低高〕と下げずに発音され、鹿児島で〔高低〕〔低高低〕と下げて発音される動詞の大半が東京では〔低高〕〔低高高〕と下げずに発音されます。このようにアクセントの型が反転してしまう例は、どの方言間にも観察されるというわけではありません。標準語と鹿児島弁（とその姉妹方言）に見られる違いです。

東京	鹿児島
みる（見る）	み**る**
くる（来る）	く**る**
のむ（飲む）	の**む**
くう（食う）	く**う**
なる（成る）	な**る**
きる（切る）	き**る**

第2部　ところ変われば

あ**る**く（歩く）	ある**く**
は**し**る（走る）	はし**る**
も**と**める（求める）	もとめ**る**
きく（聞く）	き**く**
いく（行く）	い**く**
すう（吸う）	す**う**
なる（鳴る）	な**る**
きる（着る）	き**る**
と**ぶ**（飛ぶ）	**と**ぶ
む**す**ぶ（結ぶ）	むす**ぶ**
ま**と**める（纏める）	まと**め**る

　このようにアクセントが反転するという違いは少し厄介に思えるかもしれませんが、方言を習得する際には逆に便利です。実際、鹿児島弁の話者が標準語のアクセントがわからなくなった時は、まず自分の方言で発音してみて、高低をひっくり返して発音すれば標準語のアクセントになります。同様に、他の地域の人がうまく鹿児島弁を話したい時は、標準語のアクセントをひっくり返して発音すれば鹿児島弁らしく聞こえます。

　もっとも、この方策がいつもうまくいくかというとそういうわけでもなく、一部の語彙は東京と鹿児島でアクセントの型が一致します。このような語は要注意で、アクセントを反転させるという対応規則を過剰に適用してしまうと逆に間違ったアクセントで発音してしまうことになります。たとえば「食べる」という動詞は、標準

172

語でも鹿児島弁でも**タベル**〔低高低〕です。鹿児島弁の**タベル**から類推して標準語で**タベル**と発音してしまうと、標準語らしくないアクセントとなってしまいます。鹿児島人の標準語発音に見られる誤用例です。同様に、標準語の**タベル**から鹿児島弁は**タベル**だろうと類推してしまうと変な鹿児島弁になってしまいます。上記の反転規則を万能だと思って過剰適用してしまうと、そのような結果になるのです。

東京	鹿児島
あか（赤）	**あか**
あし（足）	**あし**
いえ（家）	**いえ**
いぬ（犬）	**いぬ**
うま（馬）	**うま**
うさぎ（兎）	**うさぎ**
うなぎ（鰻）	**うなぎ**
すずめ（雀）	**すずめ**
ねずみ（鼠）	**ねずみ**
たべる（食べる）	**たべる**
かなしむ（悲しむ）	**かなしむ**
あらわす（表す）	**あらわす**

類別語彙

上記のような標準語と鹿児島弁の違いを見ると、方言間に何か規則的なアクセントの対応関係があるのではな

いかと思えてきます。この推測は実際に成り立つもので、方言間のアクセントの違いは体系的な対応関係を示すことが知られています。その対応関係を理解する上で重要なのが金田一春彦氏による「類別語彙」という語の分類です（金田一春彦『国語アクセントの史的研究』塙書房、1974年）。

類別語彙は、日本語の伝統的な語彙をアクセントによって分類したもので、文献記録が残っている平安時代後期の京都の日本語を分析した結果、この時代の京都方言のアクセントはいくつかのクラス（類）に分けられることが知られています。たとえば2音節の名詞であれば、次のように1類から5類までの五つのクラスに分かれ、それぞれ異なるアクセントで発音されていたと推定されています。これはちょうど、学校のクラス編成に似ています。2年生が1組から5組まであり、この学年の子供たち（単語）がいずれかの組（類）に属しているという状況です。

類	平安後期京都のアクセント	語例
1	高高	飴、鼻、端、牛、柿
2	高低	紙、川、夏、冬、歌
3	低低	花、犬、髪、神、雲
4	低高	箸、海、空、松、麦
5	低降（低＋高低）	雨、春、秋、蜘蛛、声

現在の日本語諸方言のアクセントは、この平安時代後期の京都アクセントがさまざまに分岐したというのが通説です。この分岐の過程で、大きく2種類の変化が起こ

ったと考えられています。その一つが、一つの類が別の
類と同じアクセントになるという類の統合です（先述の
学校の例でいくと、クラスの合併にあたります）。日本
語は一般に、アクセントによる区別（つまり類の区別）
が減る方向に変化してきていますが、その変化は類が統
合する形で起こりました。方言（地域）によって、どの
類とどの類が統合されたかが異なるために、方言間の違
いが生み出されたのです。

類	京都・大阪	東京	鹿児島・長崎	都城・小林
1	飴、鼻、柿	飴、鼻、柿	飴、鼻、柿	飴、鼻、柿
2	紙、夏、冬	紙、夏、冬	紙、夏、冬	紙、夏、冬
3	花、髪、馬	花、髪、馬	花、髪、馬	花、髪、馬
4	箸、空、海	箸、空、海	箸、空、海	箸、空、海
5	雨、春、蜘蛛	雨、春、蜘蛛	雨、春、蜘蛛	雨、春、蜘蛛

　たとえば、現代の京都・大阪方言では2類と3類の区
別がなくなり、2音節名詞に五つあったアクセントの型
が四つに減っています。東京方言（標準語）ではこの2
類と3類の統合に加え、4類と5類も統合され、2音節
名詞が三つのグループになりました。これに対し鹿児島
弁や長崎弁では、1類と2類が統合され、また3類、4
類、5類も統合されて、全体が二つのアクセント型にま
とまっています。この方言では1音節や3音節の名詞で
も同じような類の統合が起こり、すべての名詞が二つの
アクセント型にまとまりました（このような体系は二型

175

第2部　ところ変われば

アクセントと呼ばれています）。

　宮崎県の都城方言や小林方言では、この二つの型も一つに統合され、1類から5類まですべての名詞が同じアクセントで発音されています（このような体系を一型アクセントと言います）。日本語諸方言のアクセントの違いを作り出したのが、このような類の統合に見られる地域差です。アクセントの区別・対立が時代を経るにつれて少なくなってきているという流れを考えると、都城や小林の体系がこの中ではもっとも進化した体系と言えるのかもしれません。

　日本語ではこのような類の統合に加え、もう一つ大きな変化が起こりました。類の統合だけが起こったのであれば、同じ類に属していた語は現代のどの方言でも同じアクセントで発音されているはずです。たとえば「飴」と「鼻」は1類に属していますので、関西でも東京でも鹿児島でも同じアクセント型で発音されていることが予測されます。ところが同じ「飴」という語でも京都・大阪では**アメ**〔高高〕、東京ではア**メ**〔低高〕、鹿児島では**ア**メ〔高低〕となるように、実際のアクセントは方言間で大きく異なっています。その違いを生み出したのが、方言が分岐する際に（あるいは分岐してから）各方言に起こったアクセント型の変化です。

　平安後期の京都アクセント体系から現在の標準語や鹿児島弁のアクセント体系が発達したと考えると、たとえば「飴」や「鼻」のような1類の語は、平安後期京都の〔高高〕のアクセントが〔低高〕（東京）や〔高低〕（鹿児

島）に変化したということになります。どのようにして
このような変化が起こったのか、これは今でもアクセン
ト史研究の大きなテーマですが、この種の変化が日本各
地で起こったために、現在のようなアクセントの地域差
が生じたことは確かです。こうしたアクセント型の変化
によって、同じ類に属す語であっても、実際の発音は地
域によって異なるようになりました。平安後期の京都ま
で含めると、上記の地域は概ね次のようなアクセントの
違いを示しています。

類	平安後期京都	京都・大阪	東京	鹿児島・長崎	都城・小林
1	高高	高高	低高 （低高高*5)	高低	低高
2	高低	高低	低高 （低高低）	低高	
3	低低				
4	低高	低高	高低		
5	低降 （低＋高低）	低降*6			

* 5　1類名詞と2・3類名詞は同じ〔低高〕というアクセントで発音
　　されるように見えますが、「が」や「を」などの助詞が付くと明
　　確に区別されます。1類の「鼻が」は〔低高高〕（ハ**ナガ**）、3類の
　　「花が」は〔低高低〕（ハ**ナ**ガ）という発音です。両者の違いは「鼻
　　が高い」と「花が高い」の発音を比べてみるとよくわかります。
* 6　京都・大阪の5類名詞は2音節目が下降（高低）で発音されるの
　　が伝統的なアクセントですが、今では4類名詞と同じ低高（ア**メ**、
　　ハ**ル**）というアクセントで発音されるようになりました。しか
　　し「雨が」「春が」のように助詞が付くと〔低高低〕（ア**メ**ガ、ハ**ル**
　　ガ）となり、一方、「箸」や「海」などの4類名詞は〔低低高〕（ハ
　　シ**ガ**、ウミ**ガ**）となります。このように、助詞が付くと明確な違
　　いが現れます。

177

第2部　ところ変われば

　このようなアクセントの変化で見落としてはいけない
のが、アクセントの変化がクラス（類）ごとにまとまっ
て起こっているという事実です。アクセントの変化は単
語ごとに勝手に起こるのではなく、類のまとまりの中で
起こっていることがわかります。学校のクラスに例える
ならば、合併以外のクラス編成がないまま、上の学年に
進んでいくという状況です。

中国語の方言差

　ここまでの話で、日本語のアクセントには地域差が大
きいことがわかりました。これは日本語の一つの特徴
ですが、けっして日本語だけの専売特許ではありませ
ん。一般に音の高さ（ピッチ）を単語の区別に使う言語
では、日本語に見られるような地域差・方言差が見られ
ます。たとえば中国語は声調言語といって、音節ごとに
音の高さ（声調、トーン）が決まっている言語で、北京
の標準語には次のような4種類の声調があります。同じ
「マ」という発音でも、高低によって四つの意味（お母さ
ん、麻、馬、罵る）が区別されるのです。

　　北京の中国語（北京語）
　　　一声　高平調（ー）　　　　mā　媽（お母さん）
　　　二声　上昇調（／）　　　　má　麻
　　　三声　下降上昇調（√）　　mǎ　馬
　　　四声　下降調（＼）　　　　mà　罵る

178

このような声調の区別があるのは中国語の多くの方言に共通する特徴ですが、実際の発音は地域によって大きく異なることが知られています。たとえば中国の南部（広州、香港など）で話されている広東語では上の四つの語が次のような声調で発音されます。同じ「麻」や「罵る」という語であっても、北京の標準語とは発音が大きく異なることがわかります。

　広東語
　高平調（ ― ）　　　ma　媽（お母さん）
　低下降調（ ＼ ）　　ma　麻
　低上昇調（ ／ ）　　ma　馬
　低平調（ ＿ ）　　　ma　罵る

英語の親戚にあたるスウェーデン語でも類似の地域差が観察されます。この言語は英語と同じような強弱アクセントの特徴と、日本語のような高低アクセントの特徴の両方をあわせ持つ珍しい言語ですが、強弱アクセントについては地域差がほとんどありません。英語と同じように、同じ語であればどの方言でも同じ位置が強く発音されます。これが強弱アクセントの特徴です。これに対し高低アクセントの特徴は地域差が大きく、方言によって高低の配置が大きく異なることが知られています。日本語の「飴」や「雲」が地域によって異なるアクセントで発音されるのと同じような違いがスウェーデン語の方言にも見られるのです。

第2部　ところ変われば

　このように、方言間で語のアクセントが異なるのは日本語だけの特徴ではなく、単語のレベルで音の高低を利用する言語に共通して見られる特徴です。ではアクセントについて日本語独自の特徴はないかというと、そういうわけではありません。言語の特徴に注目した類型論（言語類型論）の観点から見た場合、日本語のアクセントにはアクセント体系の多様性という日本語独自と思われる特徴が見られます。次項でこのことを見てみたいと思います。

日本語はアクセントの宝庫

　強弱アクセントであれ高低アクセントであれ、アクセント言語と言われる言語には、アクセントの型を決めるのに左（語頭）から数える言語と右（語末）から数える言語の2タイプがあります。ラテン語や英語は語末から数える言語で、名詞だと語末から二つ目か三つ目の音節にアクセントが置かれます（ドット /./ は音節の切れ目を示します）。

　　ラテン語のアクセント
　　（a）語末から2音節目
　　　　for.tú.na（幸運）、ro.má.nus（ローマ人）、A.lex.
　　　　án.der（アレクサンダー）
　　（b）語末から3音節目
　　　　pó.pu.lus（人々）、ín.te.grum（完璧な）

英語のアクセント

（a）語末から2音節目

　　ba.ná.na（バナナ）、O.hí.o（オハイオ）、A.ri.zó.na
　　（アリゾナ）、A.la.bá.ma（アラバマ）、ho.rí.zon（地
　　平線）、a.gén.da（アジェンダ）、To.yó.ta（トヨタ）、
　　Su.zú.ki（鈴木）、Na.ga.sá.ki（長崎）、Su.per.cal.
　　i.frag.i.lis.tic.ex.pia.li.dó.cious（スーパーカリフ
　　ラジリスティックエクスピアリドーシャス；映画
　　*Mary Poppins*に出てくる魔法の言葉）

（b）語末から3音節目

　　Cá.na.da（カナダ）、A.mé.ri.ca（アメリカ）、Í.o.wa
　　（アイオワ）、bál.co.ny（バルコニー）、Pí.ka.chu
　　（ピカチュウ）、Í.chi.ro（イチロー）

　ラテン語や英語以外にも、ペルシャ語やイタリア語、
スペイン語などのように右（語末）から数える言語は数
多くあります。その一方で、ハンガリー語やチェコ語、
アイヌ語などのように、左（語頭）から数える言語も少
なくありません。このように、語頭から数えるか語末か
ら数えるかは言語ごとに決まっているというのが言語学
の定説となっています。

　ところが日本語を見てみると、言語としての統一性が
なく、語頭から数えるか語末から数えるかが方言によっ
て異なります。標準語や鹿児島弁のように、語末から数
える方言もあれば、長崎弁のように語頭から数える方言
もあるのです。鹿児島弁と長崎弁は日本語の中でも系統

第2部　ところ変われば

的に近い方言ですが、不思議なことに、そのような姉妹
方言の間に、英語とハンガリー語の間に見られるような
違いが見られます。

語頭から数える言語・方言	ハンガリー語、アイルランド語、チェコ語、フィンランド語、アイヌ語（沙流方言）… 長崎弁
語末から数える言語・方言	ラテン語、英語、スペイン語、トルコ語、ペルシャ語、アルバニア語、ポーランド語、スワヒリ語… 東京方言（標準語）、鹿児島弁

　鹿児島弁と長崎弁は、姉妹方言でありながら、アクセ
ントを決める時の単位も異なっています。人間の言語に
は、単語の長さを音節で数える「音節言語」とモーラで
数える「モーラ言語」の2種類があると言われてきまし
た。前者は東京（tookyoo）と語をtooとkyooの二つ（2
音節）に数える言語、後者はto-o-kyo-oのように四つ（4
モーラ）に数える言語です。英語や韓国語は典型的な音
節言語であり、日本語（標準語）は典型的なモーラ言語
であると言われています。たしかに英語や韓国語の話者
にLondonという英単語が何音節かを尋ねると2音節と
いう答えがすぐに返ってきますが、何モーラかと尋ねて
もわからないという答えが返ってきます。一方、日本語
話者だと英語の London が2音節語だと言われてもピン
ときません。London はロ-ン-ド-ンの四つだろうという

答え（つまりモーラで数えた答え）が返ってくるのが普通です。

　このように音節で数えるかモーラで数えるかというのは言語ごとに決まっているというのが言語学の定説です。例えてみれば、物の長さを測る時にインチで測る国もあれば cm で測る国もあるというような状況です。これは国ごとに決まっており、同じ国の中で両方を使うと混乱が生じてしまいます。

　ところが日本語の方言を見てみると、アクセントを決める時にモーラで数える方言もあれば音節で数える方言もあります。標準語は上記の定説でも言われている通り、モーラで数える方言ですが、鹿児島弁は音節で数える方言です。たとえば外来語を含む多くの語において、標準語は「後ろから数えて三つ目のモーラ」を高く、一方、鹿児島弁は「後ろから数えて二つ目の音節」を高く発音します。ともに「後ろから数える」という点は同じですが、何を単位に数えるかが違うのです（以下、•は音節の切れ目を示します）。

　標準語の外来語アクセント
　　バ・ナ・ナ、**ハ**・ワイ、**ドイ**・ツ、オ・**レン**・ジ、
　　パ・**レー**・ド
　鹿児島弁の外来語アクセント
　　バ・**ナ**・ナ、**ハ**・ワイ、**ドイ**・ツ、オ・**レン**・ジ、
　　パ・**レー**・ド

第2部　ところ変われば

　同じ日本語という言語の中で、このようにモーラで数える方言と音節で数える方言が存在すること自体、とても不思議なことです。さらに不思議なことに、鹿児島弁の姉妹方言である長崎弁は、標準語と同じようにモーラで数えます。この方言は外来語を含む多くの語において「前から二つ目のモーラ」を高く発音します。

長崎弁の外来語アクセント
　バ・**ナ**・ナ、ハ・**ワ**イ、ド**イ**・ツ、オ・**レン**・ジ、
　パ・**レー**・ド

　方言間のアクセントの違いは、単なるアクセント型の違いではなく、このようにアクセントを決める仕組みの違いです。音節を数えるか、モーラを数えるかという基準は、前（語頭）から数えるか、後ろ（語末）から数えるかという基準と同じように、その仕組みの根幹を成す部分なのですが、日本語の場合には、その根幹部分に方言差が見られるのです。
　アクセントを決める特徴はこれら以外にもまだありますが、日本語はそのような特徴の一つ一つにおいて多様性を見せます。同じ言語の中にこのような多様性が見られるのが日本語の特徴であり、他の言語と大きく異なるところです。日本語はまさに「アクセントの宝庫」なのです。

第4章　進化している和歌山弁

コラム**4**　質屋はシチヤかヒチヤか？

　大阪に行くと、標準語のサ行音がよくハ行音に
なっていることに気がつきます。たとえば質屋の
看板に大きくヒチヤと書いてあります。質屋（しち
や）がどうしてヒチヤなのかと思うことがしばしば
ですが、ヒチヤだけではなく、シツモンであるはず
の「質問」がヒツモンとなり、「失礼しました」がヒ
ツレイシマシタと発音されています。布団を敷くの
「敷く」もヒクとなり、布団は「引く」ものだと思っ
ている人も多いようです。

　これらの語では標準語のシが大阪弁ではヒとなっ
ていますが、これはシとヒだけでなく、広くサ行と
ハ行の問題です。「そんなら」がホンナラとなるの
はオ段のソがホになる例、「しません」「あきません」
がそれぞれシマヘン、アキマヘンとなるのはエ段の
セがヘになる例です。「おばさん」「お父さん」では
ア段のサが、オバハン、オトウハンとハになってい
ます。

　もっとも、どのような語でサ行音がハ行音になる
のかはむずかしい問題です。質屋がヒチヤになるの
であれば、尻はヒリ、おしっこはオヒッコとなりそ
うですが、そうはならないようです。同様に「おば
さん」がオバハンとなるのであれば、「おじさん」や
「おじいさん」はオジハン、オジイハンとなりそうで
すが、そうはなりにくいようです。

185

第2部　ところ変われば

　作家の田辺聖子氏は『大阪弁ちゃらんぽらん』（中公文庫、1997年）という本の中で、イ段やウ段の音で終わる語では「…さん」は「…ハン」とはなりにくいという説を紹介しています。福田さんや田中さんはフクダハン、タナカハンと言えるけれども、小林さんや小谷さんはコバヤシハン、コタニハンとは言いにくいというのです。おじさんやおじいさんがオジハン、オジイハンとならないのも同じ理由によります。これとは別に、「神さん」「仏さん」「戎さん」「天神さん」のように神仏にかかわる語も「…ハン」とは言えないそうです。大阪弁をマスターするのは至難の業です。

　大阪弁でシがヒになるのに対して、東京弁では逆にヒがシになる傾向があります。年配の東京人は渋谷（シブヤ）と日比谷（ヒビヤ）の区別ができないという話を聞きますが、テレビ番組を見ていても紐をシモ、コーヒーをコーシーと発音している場面に遭遇します。「ひしひし（感じる）」がシシシシと聞こえるわけです。東京人はシとヒを区別しているつもりなのかもしれませんが、よそから来た人間にはそうは聞こえません。もともと日本語のシとヒは音声学的によく似た子音を持っているので（シの子音は無声歯茎硬口蓋摩擦音、ヒは無声硬口蓋摩擦音）、このような混同が起こっても不思議ではありませんが、シとヒをしっかり区別する地域の人間には奇異に聞こえます。

第4章　進化している和歌山弁

４ 上げる標準語、下げる鹿児島弁

疑問文のイントネーション

　語学や言語学・音声学の教科書を見ると、疑問文は文末を上げて発音するとよく書いてあります。これは日本語の教科書でも英語の教科書でも、あるいは一般音声学の教科書でも同様です。

　たとえば日本語の標準語では、次の会話のＡさんは文末の「か」を高く発音します。仮に同じ「か」を低く発音すると、純粋に尋ねるというより、「もう行くぞ」と言うのと同じように自分の意思を相手に伝える、ないしは相手に念押しする感じがします。

　　Ａさん：行きますか？
　　Ｂさん：はい、行きます。

　文末を上げるというパターンはどの言語でも相手に対する丁寧さを表し、疑問文のように相手に問いかける時はこのパターンを使うというのが一般的な説明です。たしかに日本語でも、文末を上げて発音した時と下げて発音した時では、しばしば丁寧さが異なってきます。たとえば「手伝おうか？」と尋ねる時に文末の「か」を高く発音すると相手を気づかって手を差し伸べようとするニュアンスが出てくるのに対し、「か」を低く発音すると、そのような積極性や丁寧さが伝わってきません。

187

第2部　ところ変われば

　Aさん：手伝おうか？
　Bさん：手伝おうか？

　「手伝おうか？」という疑問文に答える時も、次のAさ
んのように「よ」を高く発音すると、「いや、大丈夫」と
丁寧に断っている感じが出るのに対し、Bさんのように
「よ」を低く発音すると、少しぶっきらぼうに断っている
感じがします。

　Aさん：いや、いいよ。
　Bさん：いや、いいよ。

　同じように、次の「入らないでよ」という文も、文末の
「よ」を高く発音すると、やや丁寧に注意している感じが
するのに対し、「よ」を低く発音すると、既に入った人に
小言を言っている場面が連想されます。

　Aさん：入らないでよ。
　Bさん：入らないでよ。

　このように文末を上げるか下げるかで、相手に対する
丁寧さが変わってきます。文のレベルのピッチの高低を
言語学では「イントネーション」と呼びますが、文末の
イントネーションは、このように相手に対する丁寧さや
働きかけを表すというのが一般に受け入れられている説
です。この説に従うと、相手への問いかけを表す疑問文

は文末が高く発音されて当然ということになります。標準語の疑問文と平叙文のペアを比べると、疑問文のイントネーションがよく理解できます。

疑問文（問い）：わかる？↗
平叙文（答え）：うん、わかる。
疑問文（問い）：行く？↗
平叙文（答え）：うん、行く。

疑問文は文末が上がるのだという通説は、多くの言語にあてはまります。日本語でも標準語は疑問文の最後を高く発音しますし、英語でもイエスかノーかを問う疑問文（Yes/No 疑問文）は一般に文末を上げて発音されます。

Is this a pen?↗（これはペンですか？）
Are you coming?↗（［私と］一緒に行く？）

英語では何（what）、誰（who）、どこ（where）のように、イエスかノーかを求めない疑問文（Wh 疑問文＝ダブリュエイチ疑問文）では文末が上がりませんが、これは what や who などの疑問詞自体が疑問文であることを示しているためだと言われています。わざわざ文末を高く発音しなくても、what や who という単語によって疑問文であることが相手に伝わるというわけです。

第 2 部　ところ変われば

名古屋弁の詰問

　これに対し、日本語には疑問文の最後を下げて発音する方言もあります。そのような方言の一つが名古屋弁で、この方言では文末に出てくる疑問詞（何、誰、どこ…）を積極的に下げて発音します。標準語の「タブー」という語によく似た抑揚〔低高低〕で「な**に**ー、だ**れ**ー、ど**こ**ー」と発音するのです。

　　名古屋弁の疑問文
　　　これ、な**に**ー？↓
　　　あれ、だ**れ**ー？↓
　　　ここ、ど**こ**ー？↓

　名古屋の人たちにとってはごく自然な発音なのですが、このイントネーションは他の地域の人たちにはとてもぶっきらぼうに聞こえます。「これ何？」という発話が単なる疑問文ではなく、「どうしてこんなものを持ってるの？」「こんなものを持ってきたらダメでしょ」と詰問、非難されているように聞こえるのです。

上げる標準語、下げる鹿児島弁

　名古屋弁で下降調の疑問文が聞かれるのは、主に文の最後に「何」「誰」「どこ」のような疑問詞がくる場合ですが、このような制限がなく、疑問文であれば文末が下降調で発音される方言もあります。鹿児島弁がその代表で、この方言では文末を積極的に下げることによって疑問の

190

図3：標準語の「雨？」と「雨。」

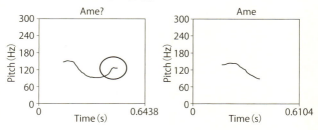

図4：鹿児島弁の「雨？」と「雨。」

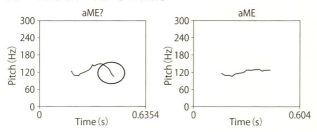

意味が出てきます。標準語や大阪弁のように文末を高く発音して疑問文を表す方言とは真逆のイントネーションで、これらの方言話者が鹿児島弁を聞くと「問われているのか、答えているのかわからない」という状況に陥るようです。

たとえば「雨」という語を使って疑問文（問いかけ）と平叙文（返答）を調べてみると、標準語では図3のような違いが見られます。疑問文の方が文末上昇（図中の丸）を伴っていることがわかります。

これに対し、鹿児島弁では疑問文の文末が下がります

（図4中の丸）。上がるか下がるかという点に注目すると、標準語の疑問文（問いかけ）が鹿児島弁の平叙文（返答）に近く、また鹿児島弁の疑問文が標準語の平叙文に似ていることがわかります。標準語話者が鹿児島弁を聞いて、「問われているのか、答えているのかわからない」という印象を持つのも仕方ありません。

鹿児島弁の疑問文

　この違いをもう少し詳しく見てみましょう。前述のように、鹿児島弁には語末のピッチが下がる語と下がらない語の2種類があります。前者のアクセントはA型、後者はB型という名前で呼ばれていますが、どちらのタイプであっても疑問文は低いピッチで終わります。たとえば疑問の終助詞（か、け、ね）が付くと、その部分が低く発音されるわけです。

　次の例では、「っ」や「ん」から低くなるのがA型、「っ」や「ん」まで高いのがB型です。単に「行く」や「来る」という平叙文であれば、前者が〔高低〕、後者が〔低高〕というように明確な違いがありますが、これに疑問文の下降調イントネーションが加わると、両者の違いは微妙になります。特に「呼んか？」と「読んか？」のように同じ音連続（ヨンカ）になる場合には、微妙な違いです。「ン」が高ければ「読んか？」であり、「ン」が低ければ「呼んか？」の意味になります。鹿児島人は無意識にこの違いを理解できますが、ネイティブでないと聞き分けがむずかしいかもしれません。

A型　**いく～いっ**（行く）―**いっか**（行くか）？
　　　よぶ～よっ（呼ぶ）―**よんか**（呼ぶか）？
B型　**くる～くっ**（来る）―**くっか**（来るか）？
　　　よむ～よん（読む）―**よんか**（読むか）？

　さらにむずかしいのが、「か」や「ね」のような疑問の終助詞が付かない場合です。鹿児島弁は助詞を好む方言で、格助詞の「が」や「を」もほとんど省略することがありません。たとえば「直哉がリンゴを食べた」を「直哉リンゴ食べた」のような電報文にはできません。助詞の省略を好む関西弁とは対照的です。これと同じように、伝統的な鹿児島弁では疑問を表す終助詞も省略することがむずかしく、昭和1ケタ生まれの人だと「行っか？」や「行くね？」とは言えても、「行く？」のように「か」や「ね」を落として疑問文を発することはまれです。この世代の人たちまでは、疑問詞抜きの疑問文を作るのがむずかしいようです。他の方言の人には、たとえ文末が下降していても、「か」や「ね」があることで疑問文であることがわかります。

　これに対して、昭和2ケタ生まれの人たち（特に女性）は「か」や「ね」を平気で省略します。この世代以降の人たちの間では、標準語と同じように、「行く？」「うん、行く。」のような会話が成立するのです。この場合の疑問文は、「か」や「ね」などの疑問詞がないまま文末が下降調で発音されますので、疑問文かどうかの聞き分けはか

なり困難です。たとえば疑問文の「行く？」と平叙文の「行く。」はともに〔高低〕で発音され、両者は高低の落差で区別されます（下図）。鹿児島弁話者にとっても微妙な区別ですので、東京や関西の人たちがその違いを聞き分けるのは至難の業と言えます。

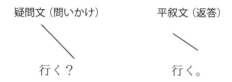

これに対し、もともと語末を高く発音するB型語彙の場合には、疑問文と平叙文の違いは比較的明確です。平叙文の「来る。」が高く終わるのに対し、疑問文の「来る？」は文末下降を伴って発音されます。この文末下降を明確にするために「る」が伸ばして発音されることもあり、「来る。」との違いは明確です。

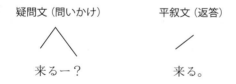

といっても、これは鹿児島弁がわかっている人に通用する論理で、鹿児島弁のイントネーションになれていない人には逆の効果をもたらすようです。実際、東京や関

西の人たちに鹿児島弁のテープを聴いてもらうと、疑問文（問いかけ）と平叙文（返答）を逆にとる人が大半です。文末が高く発音される「来る。」の方が疑問文に聞こえ、文末が低くなる「来る？」の方が平叙文（返答）に聞こえる、というのが標準語や関西弁話者の素朴な反応でした。

　このような聞き間違いは鹿児島に長く住んでいる他県人にも起こっているようで、「鹿児島の人と話をしていると、質問されているのか、返事をされているのかわからない」という感想をよく耳にします。特に、「来る」のようなB型の語を聞くと、問いかけなのか返答なのかわからないようです。たとえば次のような会話です。

疑問文（問いかけ）	平叙文（返答）
わか**る**？↘	わか**る**。
だいじょう**ぶ**？↘	だいじょう**ぶ**（大丈夫）。
アメリ**カ**？↘	アメリ**カ**。
ぞう？↘	**ぞ**う（象）。

　いずれも問いかけの方が文末が下がり、返答の方が文末が高く発音されます。特に「象」の場合には、鹿児島弁の「象？」が標準語の「象。」とほぼ同じ発音〔高低〕ですので、鹿児島人がいくら問いかけても東京の人には平叙文（返答）にしか聞こえません。逆に鹿児島人の「象。」は語全体が高く発音されますので、東京人には疑問文のように聞こえます。「大丈夫」も然りで、鹿児島人が心配して「大丈夫？」と話しかけても、文末が下がっているた

めに、話しかけられた東京人には「大丈夫だよ」という風にしか聞こえないのです。イントネーションの地域差が、このような誤解や聞き間違いを引き起こします。

北と南

　鹿児島弁のように、疑問文を下降調のイントネーションで表すのは変だと感じる人も多いようですが、そのような特徴を示すのは別に鹿児島弁だけではありません。九州（北部を除く）から奄美・沖縄にかけて、このタイプの疑問文イントネーションは広範囲に見られるようです。さらに東北地方の北部（青森、岩手、秋田）あたりにも同様の特徴が見られます（地図5参照）。

　なぜ日本列島の北と南にこのような下降調の疑問文イントネーションが存在しているのか、その理由は定かで

地図5：方言地図
疑問文を下降調イントネーションで表す地域

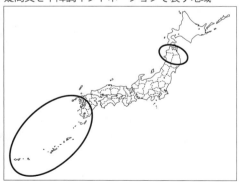

はありません。言語特徴が都から地方へ伝播し、古い特徴が周辺部分に残るという方言周圏説の立場に立てば、日本列島の北と南に日本語の古い特徴が残っていると解釈することができますが、この解釈を支持するためにはもう少し詳細な調査と分析が必要です。いずれにしても、日本列島全体を見渡した時、下降調の疑問文イントネーションがけっして例外的な特徴ではないことは確かです。

　これらの方言の話者はテレビ等を通じて日常的に標準語を耳にしていますので、この人たちが標準語や関西弁を聞く際に疑問文と平叙文を混同することはまれかもしれません。これに対し、東京や関西の人たちが北東北や九州、沖縄の人たちの話を聞く時は注意が必要です。疑問文は最後が上がるものだという先入観でこれらの方言を聞いてしまうと、「問われているのか、答えているのかわからない」という状況が生じます。相手の疑問文（問いかけ）を平叙文（返答）と勘違いしてしまわないように、しっかり文脈から判断することが必要です。

甑島弁の疑問文

　このような誤解は地図5にマークされた地方の人たち同士の会話でも起こりえます。実際、私（鹿児島弁話者）が鹿児島県の甑島（薩摩半島から西に約40kmの東シナ海に浮かぶ人口約5000人の島）に方言調査に行った際には、下降調の疑問文イントネーションに悩まされました。この方言では「あの人先生？」という疑問文が「**せん**せい」〔高低〕という下降調で発音され、一方「先生。」という平

197

第2部　ところ変われば

叙文が「**せん**せい」〔高低高〕という文末上昇調で発音さ
れます。疑問文を下降調イントネーションで発音してい
る鹿児島弁の話者にも、疑問文と平叙文が逆に聞こえた
のです。

　甑島弁
　　疑問文（問いかけ）　　**せん**せい？↘
　　平叙文（返答）　　　　**せん**せい。↗

　逆に「電話してみました。」という平叙文を疑問文と
勘違いした経験もあります。平叙文では文の最後が「…
みまし**た**」という上昇調で発音されるため、島の友人が
「（私が）電話してみました。」と言っているのにもかかわ
らず、「（あなたは）電話してみましたか？」という疑問
文にしか聞こえませんでした。鹿児島弁も甑島弁も、と
もに「疑問文は文末を下げる」という特徴を持っている
のですが、自分の母語ではない方言を聞くとこのような
誤解や混乱が生じてしまいます。

　甑島弁
　　疑問文（問いかけ）　　電話して**み**まし**た**？↘
　　平叙文（返答）　　　　電話して**み**まし**た**。↗

世界の疑問文

　日本語には文末を下げるというイントネーションによ
って疑問文を表す方言があり、日本列島ではそれがけっ

して珍しいイントネーションではないことを指摘しましたが、語学の教科書や言語学の本には、そのような記述はほとんどありません。日本語の場合には、このような一見風変わりなイントネーションが日本列島の周辺部分に見られるというのが主な理由だと思われます。標準語や関西の方言にはこの特徴が出てこないために、「日本語の疑問文は最後を上げて発音する」といった誤った一般化が流布したものと思われます。

　海外で出版された言語学・音声学の教科書を見てみても、文末を下げる疑問文イントネーションの記述はまれです。これもまた、言語研究の対象となってきたヨーロッパの諸言語（の標準語）が「疑問文は文末を上げる」という特徴を持ってきたからだと思われます（ちなみにイギリス北部のスコットランド地方で話されている英語は標準英語とは違い、Are you a student?などの疑問文がしばしば文末下降のイントネーションで発音されます）。

　近年、非ヨーロッパ言語について音声の研究が進む中で、疑問文イントネーションの多様性が知られるようになってきました。イギリスの標準英語や日本語の標準語などのように文末を上げる疑問文イントネーションを用いる言語も多い一方で、たとえばアフリカの言語にはそうでない特徴を持つものも多いことが知られてきています。その中には、鹿児島弁や甑島弁のように文末を積極的に下げることによって疑問を表すという言語もあるようです。疑問文イントネーション一つとってみても、人間の言語は実に多様な特徴を示すことがわかります。

第2部　ところ変われば

コラム**5**　しゃくにさわる標準語

東京でも大阪でも疑問文は最後を上げて発音するのが普通ですが、このようにイントネーションの特徴は同じであっても、単語のアクセントが違うために疑問文の作り出すニュアンスが多少違ってくるようです。かつて関西の大学で教えていた頃、標準語の「わかる？」という発音がとても耳障りだということを地元出身の学生たちからよく聞きました。

標準語では「わかる」という動詞を名詞のコ**コ**ロ（心）と同じように〔低高低〕のアクセント（ワ**カ**ル）で発音します。これが疑問文になって語末に上昇調のイントネーションが加わると、ワ**カ**ルー⤴という〔低高低高〕のパターンで発音されるのですが、関西人に言わせると、いったんピッチを下げてからもう一度上げるこの発音がとても耳障りなのだそうです。

単に「わかるかどうか」を問われているのではなく、何か子供扱いされているような気がすると言います。場面によっては、「こんな簡単なこともわからないのか」と小馬鹿にされている気がする時もあるそうです。もちろん標準語で問うている側にはそのような意図はないのですが、問われた側の関西人には侮蔑的なニュアンスで聞こえるのだそうです。気がつかないところで言葉の摩擦が起こっています。

「わかる」は大阪弁では単語全体を高く平坦に発音します（**ワカル**）。大阪弁の疑問文だとこれに文末の

200

第4章 進化している和歌山弁

上昇調が加わるだけで（**ワカル**↗）、標準語のようなアップダウンがありません。このような発音になれている人が標準語のワカルー↗〔低高低高〕というアップダウンに富んだ疑問文を聞くと違和感を持つようです。

　何か違うなという程度の違和感であればコミュニケーションには支障は生じませんが、「小馬鹿にされたような」というニュアンスになると無視できなくなります。文末を上げるというイントネーションのパターンは同じであっても、単語そのものの発音の違いに疑問のイントネーションが覆いかぶさることによって、このような心理的な問題が生じることがあるわけです。このことを心のどこかに留めておく必要がありそうです。

エピローグ

日本語の多様性と言葉の摩擦

　この本では「日本語が通じない」という状況を具体的な体験談や例をあげて紹介し、その背後にある日本語の構造や言葉の原理を解説してみました。第１部で紹介したのは、現代日本語が示す世代差と、それが引き起こすコミュニケーション障害の事例です。たとえば日本語に氾濫する夥しい数の略語が、世代間の意思疎通を妨げている例を見ました。言葉の変化のスピードが著しい現代では、若者たちが作り出す略語の中に中高年層には通じないものが数多くあり、その中には誤解を生じさせるものも少なくありません。逆に、中高年話者が使う昔の略語が若者たちには通じないということもあります。このように略語の世代差が存在する一方で、略語を作り出している規則（語形成規則）そのものは今も昔も変わらず、世代を超えて共通の規則に支配されているのも確かです。

　第１部ではこの他に単語の意味や発音、語法（用法）について世代間の違いを指摘し、そこから生じるコミュニケーションの問題と、その背後にある言語学的な理由を分析してみました。

　第２部では、地域間に見られる日本語の違いに着目し、方言差によって生じる問題点を考察しました。世代差と方言差は言語の共時的な差異（バリエーション）を表す大きな二つの指標ですが、アクセントを中心に地域差が

エピローグ

大きいのが日本語の特徴となっており、その地域的多様性が日常的なコミュニケーションの場面においてさまざまな誤解や摩擦を引き起こす火種ともなっています。本書では、そのような事例を紹介し、その背後にある仕組みや原理を解説してみました。

世代間の違いや方言間の違いは、一方では日本語の豊かさを表しています。特に方言の場合には、その多様性が日本語という言語の豊かさそのものと言っても過言ではありません。各地の方言が失われつつある中で、今残っている多様性を日本語の宝としてこれからも大事にしていかなくてはいけませんが、他方では、同じ多様性が日常生活において誤解や摩擦を引き起こすことがありうることも自覚しておく必要があるのです。

昭和7年（1932）に起こった五・一五事件では、殺害された犬養毅首相が青年将校たちに「話せばわかる」と語ったと言われていますが、世代差や方言差など、日本語が持つ多様性を考えると、それは容易なことではありません。自分の考えを相手に正確に伝え、相手の言うことを正しく理解するためには、日本語の多様性をしっかり理解し、その多様性ゆえに「日本語が通じない」状況が生じうることを自覚しておく必要があります。

日本語の多様性と言葉の教育

最後に、言葉の教育について一言述べたいと思います。自分の思っていることを正確に相手に伝え、人の考えを正しく理解することが、言葉の学習・教育の基本であり、

203

目標です。しばらく前から小学校における英語教育の導入が話題になっていますが、外国語の学習や習得が重要なことは言うまでもありません。自分の考えを世界の人たちに正しく伝え、そして世界の人たちが言うことを正しく理解することは世界平和のためにもきわめて重要なことです。そこで英語が重要な役割を果たすことも間違いないことだと思われます。

しかし、言葉の教育を実用的なコミュニケーションという側面だけで捉えていては、真の意味での言葉の教育にはならないように思います。母語とは異なる言語を学ぶことを通じて、異なる価値観を学ぶことが重要です。語順にせよ発音にせよ、日本語の論理や常識が世界の他の言語と同じではないことを実感する。それは外国語学習の重要な側面です。言葉の世界には、どの言語が優れている、どの言語が劣っているといった言語間の優劣は存在しません。日本語も英語も世界で話されている6000～7000の言語の一つにすぎないのです。そのことを理解した上で、英語などの外国語の学習から、自分とは異なるものを受け入れる度量を培うことが大切だと思われます。

外国語を学びながら、言葉の背後にある文化を学ぶことも重要です。世界の文化は多様であり、その中には日本人の常識を超えるものも少なくありません。言語と同じように文化にも優劣はありません。言葉の学習とともにその背後にある文化を学ぶことによって、日本人の常識が世界の常識とは異なる点があることを知る。それは、

エピローグ

他の人を理解する態度や相手の立場に立って考える術を
身につけるためにとても重要なことであり、人間の成長
の上でもきわめて大事なことだと思えます。その意味で、
言葉の教育は人を育てる教育、全人教育だと言えます。
子供たちに対する英語教育にはそのような視点も欠かさ
ないでほしいと願うところです。

　その一方で日本（語）に目を転じると、日本の社会が
はじめから多文化共生社会であり、多言語社会であるこ
とも見落としてはいけません。本書で述べたように、日
本語は世代差や地域差が大きいために、日本人同士でも
お互いに通じ合うことがむずかしくなることがよくあり
ます。日本語自体が一つの言語とは言えないほどの多様
性を持っているのです。多様性を持つのは言語だけでは
ありません。北は北海道から南は沖縄の島々までのとて
も細長い国に、きわめて豊かな地域文化があります。日
本という一つの国の中に、欧米の国々には見られないよ
うな多様な文化があるのです。外国語や外国人が入って
くる前から、日本は多文化共生社会だったのです。

　このことを「言葉の教育」という視点から見ると、異
文化間コミュニケーションの基本は日本語の中で培える
ことがわかります。英語などの外国語を学ばなくても、
日本語での日常生活に多言語が存在し、異文化がありま
す。これを教育に活かさない理由はありません。急速な
勢いで地方の方言が失われていく中で、またこれまでに
なく言葉の世代差が大きくなる中で、日本語の中の多様
性（世代差や地域差）を学ぶことによって、自分が話し

205

ている日本語とは異なる日本語があることを知り、自分の常識とは異なる常識を有する日本人がいることを学ぶことができます。

　このように、異文化間コミュニケーションを学び、多文化共生社会を体験する環境は、日本国内の日常的な生活の中に整っているのです。自分の方言を出発点として、それと標準語や他の方言との違いを学ぶ。そして同時に、言葉の背後にある文化や習慣の違いまで学ぶことによって、日本社会に存在している多様な価値観や常識を学ぶ。このような教育こそが、異文化理解の基本であり出発点となるべきではないでしょうか。

　異文化理解はまず自分の母語から始める。言葉の教育はまず日本語の自分たちの方言から始める。そして、日本語の中でバイリンガル（複数方言話者）になる。これが言葉の教育の出発点であり王道であるように思えます。子供たちに対する英語教育も、そのような全人的な「言葉の教育」の延長線上にあってほしいと切に願います。本書がそのための一助となれば幸いです。

あとがき

　本書は、国立国語研究所における共同研究プロジェクト（「日本語レキシコンの音韻特性」2010〜2016年、「対照言語学の観点から見た日本語の音声と文法」2016年〜）と科学研究費補助金基盤研究Ａ（課題番号26244022）、同挑戦的萌芽研究（課題番号25580098）による調査研究の成果の一部を報告したものであり、大学共同利用機関法人「人間文化研究機構」と平凡社の連携出版プロジェクトの一環として刊行するものです。

　本書をまとめるにあたり、平凡社編集部の水野良美氏に大変お世話になりました。また、方言調査に協力して下さっているインフォーマントの皆さんと、日頃から私の言語学談義につきあってくれる家族に感謝の気持ちを伝えます。

　最後に、本書を今は亡き弟の窪薗浩己と叔父の川嶋俊雄に捧げます。

　2017年6月　東京・立川にて

　　　　　　　　　　　　　　　　　　窪薗晴夫

【著者】

窪薗晴夫（くぼぞの はるお）
1957年、鹿児島県川内市（現薩摩川内市）生まれ。大阪
外国語大学（現大阪大学外国語学部）で英語を、名古屋大
学大学院で英語学を、イギリス・エジンバラ大学で言語
学・音声学を学ぶ。専門は音韻論（言語学）。他の言語と
の対照により日本語の仕組みを研究している。現在、大
学共同利用機関法人人間文化研究機構 国立国語研究所
教授・副所長。2015年より日本言語学会会長を務める。
主な著書に『語形成と音韻構造』、The Organization of
Japanese Prosody（以上、くろしお出版）、『日本語の音声』
『新語はこうして作られる』『アクセントの法則』『数字と
ことばの不思議な話』（以上、岩波書店）、編著書に The
Phonetics and Phonology of Geminate Consonants（Oxford
University Press）など。

平 凡 社 新 書 8 6 1

通じない日本語
世代差・地域差からみる言葉の不思議

発行日───2017年12月15日　初版第1刷

著者───窪薗晴夫

発行者───下中美都

発行所───株式会社平凡社
　　　　　　東京都千代田区神田神保町3-29　〒101-0051
　　　　　　電話　東京（03）3230-6580［編集］
　　　　　　　　　東京（03）3230-6573［営業］
　　　　　　振替　00180-0-29639

印刷・製本─図書印刷株式会社

装幀───菊地信義

© KUBOZONO Haruo 2017 Printed in Japan
ISBN978-4-582-85861-7　JASRAC 出1713656-701
NDC 分類番号810.4　新書判（17.2cm）　総ページ208
平凡社ホームページ　http://www.heibonsha.co.jp/

落丁・乱丁本のお取り替えは小社読者サービス係まで
直接お送りください（送料は小社で負担いたします）。